HSK
中国汉语水平考试大纲
（初、中等）

国家汉语水平考试委员会办公室编制

附　中国汉语水平考试(HSK)介绍
　　中国汉语水平考试〔HSK(初、中等)〕样题
　　HSK 常用词汇一览表
　　HSK 常用汉字一览表

现代出版社

第六版前言

《中国汉语水平考试大纲（初、中等）》1989 年 11 月由现代出版社第一次出版，半年后于 1990 年 8 月再版，1991 年 9 月第三版，1993 年 11 月第四版，1995 年 4 月第五版。为了适应海外考试的需要，1992 年、1993 年先后在日本和韩国出版汉日对照本和汉韩对照本。

这次再版，主要对"中国汉语水平考试（HSK）介绍"和"HSK（初、中等）统一指导用语"及样题进行了修改。

中国汉语水平考试（HSK）分为初、中等汉语水平考试[HSK（初、中等）]和高等汉语水平考试[HSK（高等）]。

初、中等汉语水平考试[HSK（初、中等）]是专为测量母语非汉语者的初等和中等汉语水平而设立的标准化考试，也是中国首次推向海外的标准化考试。中国国家教育委员会设立国家汉语水平考试委员会，每年定期在中国国内和海外举办 HSK，凡考试成绩达到规定标准者，由国家汉语水平考试委员会统一颁发《汉语水平证书》。

高等汉语水平考试[HSK（高等）]自 1993 年下半年起陆续在海内外举办，凡考试成绩达到规定标准者，统一颁发高等汉语水平证书。

目前，除已在国内各主要城市设立了 27 个考点外，还在新加坡、日本、韩国、菲律宾、马来西亚、泰国、香港、澳大利亚、加拿大、美国、法国、德国、英国、意大利、俄罗斯、越南等国家和地区设点举办 HSK。今后将根据需要陆续在国内及海外设立新的考点。

1996 年 11 月 13 日

目 录

中国汉语水平考试(HSK) 介绍

国家汉语水平考试委员会办公室

1. 中国汉语水平考试(HSK)是测量母语非汉语者(包括外国人、华侨和中国国内少数民族学员)的汉语水平而设立的国家级标准化考试。汉语水平考试(HSK)是由北京语言文化大学汉语水平考试中心设计研制的,于 1990 年 2 月通过专家鉴定。

2. 汉语水平考试(HSK)是统一的标准化考试,实行统一命题、考试、阅卷、评分,并统一颁发证书。汉语水平考试(HSK)分为初等、中等汉语水平考试〔简称 HSK(初、中等)〕和高等汉语水平考试〔简称 HSK(高等)〕,凡考试成绩达到规定标准者,可获得相应等级的《汉语水平证书》。

3. 《汉语水平证书》分为:初等水平证书(A. B. C 三级,A 级最高,——下同),中等水平证书(A. B. C 三级),高等水平证书(A. B. C 三级)。

4. 《汉语水平证书》的效力是:

   (1)作为达到进中国高等院校入系学习专业或报考研究生所要求的实际汉语水平的证明。

   (2)作为汉语水平达到某种等级或免修相应级别汉语课程的证明。

   (3)作为聘用机构录用汉语人员的依据。

5. 中国国家教育委员会设立汉语水平考试委员会,称国家汉语水平考试委员会,国家汉语水平考试委员会全权领导汉语水平考试,并颁发汉语水平证书。国家汉语水平考试委员会聘请若干专家、教授组成汉语水平考试顾问委员会,负责汉语水平考试的咨询工作。

   国家汉语水平考试委员会设在北京语言文化大学。

6. 汉语水平考试(**HSK**)每年定期在国内举行。国内考试在指定高等院校、或教学科研机构设立考点,每年举行三次。

   (1)**HSK**(初、中等)

   ①时间:每年 1 月的第 2 个星期日

   考点:北京　　北京语言文化大学汉语水平考试中心
   　　　　　　　北京第二外国语学院对外汉语培训中心
   　　　　　　　北京外国语大学国际交流学院
   　　　天津　　南开大学汉语语言文化学院
   　　　上海　　复旦大学国际文化交流学院
   　　　　　　　华东师范大学国际交流处
   　　　广州　　暨南大学华文学院
   　　　南京　　南京大学外国学者留学生研修部
   　　　厦门　　集美中国语言文化学校
   　　　沈阳　　辽宁大学留学生院
   　　　长春　　东北师范大学对外汉语教学中心
   　　　乌鲁木齐　新疆财经学院

   ②每年 5 月的第 4 个星期日

   考点:北京　　北京语言文化大学汉语水平考试中心
   　　　　　　　北京大学对外汉语教学中心
   　　　　　　　北京第二外国语学院对外汉语培训中心

北京外国语大学国际交流学院
中央民族大学教务处
中日青年交流中心教育研修部
北京外交人员语言文化中心
上海　复旦大学国际文化交流学院
华东师范大学国际交流处
上海外国语大学海外考试中心
天津　南开大学汉语言文化学院
大连　大连外国语学院汉学院
武汉　武汉大学对外汉语教学中心
南京　南京大学外国学者留学生研修部
广州　中山大学外语学院对外汉语教学中心
暨南大学华文学院
西安　西安外国语学院中国语言文化学院
昆明　云南高校外语培训中心
长春　东北师范大学对外汉语教学中心
济南　山东大学国际教育交流学院对外汉语文化系
厦门　集美中国语言文化学校
哈尔滨　黑龙江大学对外汉语教学中心
桂林　广西师范大学外事办公室
成都　四川联合大学对外汉语教学中心
沈阳　辽宁大学留学生院
郑州　郑州大学外事办公室
乌鲁木齐　新疆财经学院
③时间:每年 7 月 25 日
考点:北京　北京语言文化大学汉语水平考试中心

北京第二外国语学院对外汉语培训中心

上海　复旦大学国际文化交流学院

天津　南开大学汉语言文化学院

长春　东北师范大学对外汉语教学中心

（2）**HSK**（高等）

时间：每年 5 月的第三个星期日

考点：北京　北京语言文化大学汉语水平考试中心

上海　复旦大学国际文化交流学院

广州　暨南大学华文学院

（3）每次考试前均提前一个月左右开始报名，额满为止，具体报名时间请参照每年出版的《HSK 考生手册》。考试地点即报名地点。

（4）除此以外，根据需要还将在其他城市陆续设立新的考点。

7．汉语水平考试（HSK）每年定期在海外举行。海外考试委托当地高等学校或学术团体承办，每年举行一次或两次。

（1）目前，已在新加坡、日本、韩国、菲律宾、马来西亚、泰国、香港、澳大利亚、加拿大、美国、法国、德国、英国、意大利、俄罗斯、越南等国家和地区设点举办 HSK。今后，将根据需要，陆续在其他国家和地区设立 HSK 考点。

（2）欢迎海外高等学校或学术团体承办 HSK，欢迎海外友好社团，公司或个人赞助 HSK。

8．具有一定汉语基础，母语非汉语者均可向主考单位报名参加汉语水平考试（HSK）。

（1）报名时考生需持两张小二寸（40**mm**×30**mm**）免冠照片和带照片的本人身份证明（身份证或护照）。

（2）报名时考生须交一定数额的考试费和报名费〔中国国内，

4

HSK（初、中等）考试费为 180 元人民币，报名费为 70 元人民币；HSK（高等）考试费为 250 元人民币，报名费为 150 元人民币。国外考试费用及国内少数民族考试费用由各考点另告，考试费和报名费一律不退。

（3）考生持本人身份证件（护照或身份证）和考点核发的"准考证"进入考场参加考试。

（4）考生应遵守考试规则，违反者将由主办单位给以警告直至取消考试资格的惩处。

9. **HSK** 的主要依据

（1）中国对外汉语教学学会编制、国家对外汉语教学领导小组办公室审定的《汉语水平等级标准和等级大纲》。

（2）国家对外汉语教学领导小组办公室汉语水平考试部编制的《汉语水平词汇与汉字等级大纲》。

（3）国家对外汉语教学领导小组办公室汉语水平考试部编制的《汉语水平考试（**HSK**）大纲》。

10. 考前准备

（1）**HSK** 是以测量一般语言能力为目的的标准化考试，它不以任何特定教材或特定教程的内容为依据，所以考生无需按特定教材的内容准备考试。

（2）为了了解 **HSK** 的考试用途、考试时间、考试内容和答题方式等等，考生应认真阅读《汉语水平考试考生手册》（可到各考点领取）。

（3）为了进一步了解 **HSK** 所要求的汉语水平和考试内容，考生要认真阅读《汉语水平考试大纲》（本书各考点有售）。该大纲是备考的指导用书，书中有 **HSK** 介绍、**HSK** 样题、样题答案和 **HSK** 词汇、汉字一览表，并配有听力考试样题录音带。

11. **HSK**（初、中等）分数体系

（1）**HSK** 分数

  HSK 单项分数是一个以 50 为平均数，15 为标准差的量表分；总分是一个以 200 为平均数，60 为标准差的量表分。这些分数反映出应考者在 **HSK** 标准样组中的相对位置。对照右表可以知道考生在全体中的相对位置。最右列是低于相应分数的人在 **HSK** 标准参照样组中所占的百分比。

H S K 分		百分位
总分	单项分	
400	100	100
277	69	90
250	63	80
231	58	70
215	54	60
200	50	50
185	46	40
169	42	30
150	37	20
123	31	10

（2）**HSK** 单项等级分数

等级分数	听力	语法	阅读	综合
1　级	20—28	19—27	21—29	19—27
2　级	29—37	28—36	30—38	28—36
3　级	38—46	37—45	39—47	37—45
4　级	47—55	46—54	48—56	46—54
5　级	56—64	55—63	57—65	55—63
6　级	65—73	64—72	66—74	64—72
7　级	74—82	73—81	75—83	73—81
8　级	83—100	82—100	84—100	82—100

（3）**HSK** 总分等级分数

等级分数	等级分范围
1 级	78—114 分
2 级	115—151 分
3 级	152—188 分
4 级	189—225 分
5 级	226—262 分
6 级	263—299 分
7 级	300—336 分
8 级	337—400 分

12. **HSK**（初、中等）8 级分数制的等级分数说明

1 级　尚未具有初级汉语能力，不能获取《汉语水平证书》。

2 级　尚未具有初级汉语能力，不能获取《汉语水平证书》。

3 级　具有初级（低）汉语能力，可以获取初等《汉语水平证书》**C** 级。这是中国国家教委规定的外国留学生入中国理、工、农、西医类院、系学习的最低汉语能力标准。

4 级　具有初级（中）汉语能力，可以获取初等《汉语水平证书》**B** 级。

5 级　具有初级（高）汉语能力，可以获取初等《汉语水平证书》**A** 级。

6 级　具有中级（低）汉语能力，可以获取中等《汉语水平证书》**C** 级。这是中国国家教委规定的外国留学生入中国文、史、中医类院、系学习的最低汉语能力标准。

7 级　　具有中级（中）汉语能力，可以获取中等《汉语水平证书》**B** 级。

8 级　　具有中级（高）汉语能力，可以获取中等《汉语水平证书》**A** 级。

13. **HSK**（初、中等）证书等级

证书等级		等级分数
等级	级别	
		1 级
		2 级
初等水平	**C**	3 级
	B	4 级
	A	5 级
中等水平	**C**	6 级
	B	7 级
	A	8 级

14. 获得初、中等《汉语水平证书》的三个条件

(1) 总分必须达到相对应的最低等级分数。

(2) 四个单项分中，必须有三项达到相对应的最低等级分数。

(3) 四个单项分中，允许有一项低于相对应的最低等级分数，但降低幅度不得超过一级。如果超过一级，只能得到低一个档次的证书。

规定以上三条的目的是鼓励考生在各项技能上均衡发展，某项技能的畸型发展将使考生在获得《汉语水平证书》时受到一定影响。

15. 《汉语水平证书》的发放和有效期

    （1）汉语水平证书及成绩单两个月内由考试主办单位寄往各考点或承办单位。

    （2）《汉语水平证书》长期有效。**HSK** 成绩作为外国留学生来华入中国高等院校学习的证明，其有效期为两年（从考试当日算起）。

16. 咨询与服务

国家汉语水平考试委员会办公室、国家对外汉语教学领导小组办公室汉语水平考试部、北京语言文化大学汉语水平考试中心为海内外人士提供有关 **HSK** 的咨询、服务。

地   址：北京市海淀区学院路 15 号（北京语言文化大学内）

邮政编码：100083

电   话：62017531 转 2672、62317150

传   真：010－62016917

HSK（初、中等）考试大纲

国家对外汉语教学领导小组办公室
汉语水平考试部

一 考 试 用 途

汉语水平考试（**HSK**）是专门为测量外国人等母语非汉语者的汉语水平而设立的一种标准化考试，是国家教育委员会委托北京语言文化大学设计的。这种考试适用于测量下列人员的实际汉语水平：

（1）国外来华直接入我国高等院校（理工科院校和文科院校）学习的留学生。

（2）有一定汉语水平并希望获取《汉语水平证书》（初等证书和中等证书）的外国人和华侨子女。

（3）国内母语非汉语的少数民族中希望入高校学习或获取《汉语水平证书》的人员。

二 考 试 依 据

HSK 的主要依据是中国对外汉语教学学会"汉语水平等级标准研究小组"编制、国家对外汉语教学领导小组办公室编制的《汉语水平等级标准和等级大纲》和《汉语水平词汇与汉字等级大纲》。其词汇范围（等级）分为三级：甲级词（1033 个）、乙级词（2018 个）和丙级词（2202 个），共 5253 个；汉字范围分为三级：甲级字（800 个）、乙级字（804 个）、丙级字（601 个），共 2205 个；语法范围与词汇、汉字范围相对应，也分为三级：甲级语法（133 项）、乙级语法（249 点）和丙级语法（207 点），共 589 项、点。

三　试卷构成

HSK 试卷共有四项，其试题内容、数量和比重如下表所示：

考试内容	试题数量	试题比重	答题时间
听力理解	50 题	29.4%	约 35 分钟
语法结构	30 题	17.7%	20 分钟
阅读理解	50 题	29.4%	60 分钟
综合填空	40 题	23.5%	30 分钟
共计	170 题		145 分钟

第一项：听力理解

　　（50 题，约 35 分钟）

这一项试题由三部分组成：

第一部分（15 题）：这部分试题，都是一个人说一句话，第二个人根据这句话提一个问题，听完后考生应在试卷上的四个选择项中选择最恰当的答案（在答卷上划出相应的字母）。

第二部分（20题）：这部分试题，都是两个人的简短对话，第三个人根据对话提出一个问题，听完后考生应在试卷上的四个选择项中选择最恰当的答案（在答卷上划出相应的字母）。

第三部分（15题）：这部分试题，是几段较长的对话或讲话。每段话之后，第二个人或第三个人根据对话或讲话提若干个问题，每听完一个问题，考生应在试卷上的四个选择项中选择最恰当的答案（在答卷上划出相应的字母）。

听力理解这项试题，主要测试考生能否听懂正常语速的句子、对话和一般性题材的讲话。具体要求是：

（1）了解所听到的句子、简要的对话和讲话的基本大意。

（2）跳跃障碍，抓住其中的主要信息或某些重要细节。

（3）根据所听到的材料进行推理和判断。

（4）理解说话人的目的和态度。

这项试题的考试方法是：首先听基本为正常语速（170—220字/分钟）的录音材料（注意：只听一遍）；每一问题后有15—20秒的答题时间，要求考生迅速在试卷上所提供的四个选择项中选择最恰当的答案，然后在答卷上找到相应的题号并划出代表最恰当答案的字母。

第二项：语法结构

（30题，20分钟）

这一项试题由两部分组成：

第一部分（10题）：这部分试题，每题是一个不完整的句子，在每一个句子下面都有一个"指定词语"，句中 **A. B. C. D** 是供选择的四个不同位置，要求考生判断上述"指定词语"放在句中哪个位置上最恰当。

12

第二部分（20题）：这部分试题，每一个句子中有一个或两个空儿，要求考生在下边的四个选择项中挑选一个最恰当的填空（在答卷上划出字母）。

语法结构这项试题，主要测试考生对汉语普通话语法结构的掌握程度。测试重点是：

(1) 常见的量词、方位词、能愿动词、副词、介词、连词、助词等的用法。

(2) 动词、形容词和名词重迭。

(3) 几种主要补语、定语、状语的用法。

(4) 语序。

(5) 比较的方式。

(6) 提问的方式。

(7) 常用词组和习用语。

(8) 常用复句。

请考生注意，这项试题每一道题的平均答题时间为40秒左右。

第三项：阅读理解

（50题，60分钟）

这一项试题由两部分组成：

第一部分：词汇（20题）

这一部分试题，每题为一个句子，每一个句子中都有一个划线的词语，要求考生从句子下面的四个选择项中挑选最接近该划线词语的一种解释（在答卷上划出字母）。

这部分试题主要考查考生对词义（包括一部分词组和习用语）的掌握程度，同时也考查其词汇量能否适应阅读一定难度文章的需要。

第二部分：阅读（30 题）

这一部分试题，分别选择若干篇题材、体裁、长度、难易程度不同的阅读材料，每一篇材料后提出若干个问题，每题有四个选择项，要求考生选择最恰当的答案。

这部分试题，主要测试考生的阅读能力和速度。具体要求是：

（1）掌握所读材料的主要用意和大意。

（2）了解所读材料的主要事实和信息。

（3）跳跃障碍，捕捉所需的某些细节。

（4）根据所读材料进行引伸和推断。

（5）领会作者的态度和情绪。

请考生注意这部分试题的阅读速度，一般性文章 150 字/分钟，较为复杂的文章 120 字/分钟。

阅读理解这一项试题每题的平均答题时间为 70 秒左右。

第四项：综合填空

（40 题，30 分钟）

第一部分：词语填空（24 题）

这一部分试题，选取多种不同用途的综合材料，每段材料中都留有若干个空儿（空儿中标有题目序号），每个空儿右边都有四个供选择的词语，要求考生根据上下文的意思从中选择最恰当的词语（在答卷上划出字母）。

这部分试题，主要测试考生综合运用语言的能力。

第二部分：汉字填空（16 题）

这一部分试题，主要从考生常见的应用文中选取语料；每段语料中都有若干个空儿（空儿中标有题目序号），要求考生根据上下文的意思在答卷上的每一空格中各填写一个最恰当的汉字（请注意：每个空格中只能写一个汉字）。

这部分试题，主要测试考生在理解语篇的基础上，书写汉字的能力。

综合填空这一项试题，每题的答题时间为 45 秒左右。

HSK（初、中等）统一指导用语（录音稿）

1.
> ＊朋友们，你们好！欢迎大家参加今天的汉语水平考试。
>
> ＊现在我宣布考场纪律：
>
> ＊1. 除了准考证、身份证件、手表、铅笔、尺子和橡皮以外，请不要把别的东西放在桌子上。请把准考证和身份证件放在桌子的右上角。
>
> ＊2. 考试过程中请不要说话，不要观看别人的答卷或举起答卷让别人看。
>
> ＊3. 请不要随便离开座位，如果有特殊情况，请举手，得到主考允许后再离开。
>
> ＊4. 请不要把试卷和答卷带出考场，不要抄录试卷内容，考试结束时，试卷和答卷都要完好地交还，不能有任何缺损。
>
> （主考环视考场，监考巡视考场，停顿5秒钟，当确认无违规者后，主考宣布：）
>
> ＊现在请监考老师分发试卷和答卷，拿到试卷后，请不要打开；拿到试卷后，请不要打开。听到打开的命令以后，再打开。
>
> （主考按事先划分的区域，根据实到考生数将试卷和答卷交给监考，监考核对无误后按顺序将试卷和答卷直接发到考生的手中，不要传递，发完后，主考宣布：）
>
> ＊朋友们，我们马上就要开始放考试说明了，如果哪位听不清楚，请举手。现在请大家戴上耳机。
>
> （主考环视考场，待考生全部戴好耳机后，按下录音设备的放音键）。

2. 朋友们，你们好！
　　汉语水考试是专门为测量母语非汉语者的汉语水平而设计的一种标准化考试。欢迎大家参加今天的考试，祝各位取得好成绩，谢谢。

3. 　　汉语水平考试材料有两种：一种是试卷，一种是答卷。答案一定要写在答卷上，不能写在试卷上。

4. 　　现在请填写"汉语水平考试答卷"，请参照自己准考证的式样逐项填写姓名、国籍（或民族）、性别、考点代号和序号。然后填写试卷号码。请注意，试卷号码在试卷的右上方。填写时，横道一定要画得粗一些，重一些，把括号画满（停顿90秒）。

5. 　　请不要打开试卷。现在，请大家看试卷封面上的《注意事项》，一边听，一边看。

6. 　　汉语水平考试的试卷一共有四个部分，分别是听力理解，语法结构、阅读理解和综合填空。只能在规定的时间里做某一部分试题，不能提前做，也不能过了时间再回头补做。例如，在做第二部分的时间里，不能提前做第三部分，也不能回头补做第一部分。

7.

> 　　从第一题到第一百五十四题，每道题都有 **ABCD** 四个答案。首先，请你在四个答案中选出唯一恰当的答案，然后在答卷上找到对应的题号，在代表正确答案的字母上画一条横道，横道一定要画得粗一些，重一些，把括号画满。

8.

> 　　从第一百五十五题到第一百七十题，每段话中都有几个空儿，每个空儿中都有题号。首先请你根据上下文的意思想出用在这里唯一恰当的汉字，然后在答卷上找到对应的题号，把汉字写在旁边的方格里。

9.

> 　　现在请撕开试卷上的密封条，打开试卷，翻到第一页第一部分（停顿10秒）。请注意：听力理解考试只放一遍录音，每道题后有15到20秒的答题时间，请你一边听、一边答。好，请大家准备好，听力理解考试现在开始。

10.

> 请大家接下耳机。现在"语法结构"考试开始。从第五十一题到第八十题，共30个题。时间二十分钟（主考将起讫时间写在图表上）。

11.

> "语法结构"考试还剩5分钟。

12.

> "语法结构"考试现在结束。请大家进入"阅读理解"考试。从第八十一题到一百三十题,共50个题。时间是60分钟(主考将起讫时间写在图表上)。

13.

> "阅读理解"考试还剩5分钟。

14.

> "阅读理解"考试现在结束。请大家进入"综合填空"考试。从第一百三十一题到第一百七十题,共40个题,时间是30分钟(主考将起讫时间写在图表上)。

15.

> "综合填空"考试还剩5分钟

16.

> "综合填空"考试现在结束。请大家马上放下笔,停止作题,合上试卷。核对自己的名字、国籍、考生代号等是否填写正确(监考巡视)。

17.

> 现在大家可以离开考场了,谢谢各位的合作。

HSK
汉语水平考试试卷

（初、中等）
样　题

注意事项

一、汉语水平考试（**HSK**）包括四项内容：

 （1）听力理解（50题，约35分钟）

 （2）语法结构（30题，20分钟）

 （3）阅读理解（50题，60分钟）

 （4）综合填空（40题，30分钟）

 全部考试时间约需145分钟。

二、全部试题答案必须写在答卷上，不能写在本试卷上。多项选择题（1—154题）都有四个供选择的答案，要求在答卷上画出代表正确答案的字母，每题只能画一横道，多画作废，答错不倒扣分。如：[A] [B] [C] [~~D~~]。请考生注意，**HSK** 使用阅读机阅卷，横道一定要画得粗一些，重一些，否则阅读机难以识别。综合填空题第二部分（155—170题），请在答卷上的空格中各填写一个恰当的汉字。

三、注意看懂题目的说明，严格按照说明的要求在规定的时间内回答问题。听力理解试题，每个问题后空15－20秒的时间，以供选择答案。

四、严格遵守考场规则，听从主考人的指挥。考试结束后，必须把试卷和答卷放在桌上。等监考人员回收、清点后，才能离场。

中国　北京　　　　　　国家汉语水平考试委员会办公室

一　听力理解

（50题，约35分钟）

第一部分

说明：1—15题，这部分试题，都是一个人说一句话，第二个人根据这句话提一个问题。请你在四个书面答案中选择唯一恰当的答案。

例如：第8题，你听到：

第一个人说：……

第二个人问：……

你在试卷上看到四个答案：

A. 七点十分　**B.** 七点　**C.** 十点七分　**D.** 六点五十。

第8题唯一恰当的答案是**D**，你应在答卷上找到号码8，在字母**D**上画一横道。横道一定要画得粗一些，重一些。

8. [A] [B] [C] ~~[D]~~

1. **A.** 我们有过来往　**B.** 我们从不认识
   C. 他没来过我家　**D.** 我没去过他家

2. **A.** 老李弄坏了电视　**B.** 老李的电视坏了
   C. 说话人请老李修电视　**D.** 说话人请老李一起看电视

3. **A.** 我不吃饭就睡了　**B.** 我因为累不看电视

C. 只有一个人看了电视　　**D.** 大家看完电视才睡觉

4. **A.** 12人　　　**B.** 26人　　**C.** 50人　　　**D.** 62人

5. **A.** 雨小了　　　　　　　　**B.** 雨停了
   C. 天黑了　　　　　　　　**D.** 雨不停地下

6. **A.** 干几年其他的工作　　　**B.** 保护好自己的生命
   C. 始终搞科学研究　　　　**D.** 忘掉自己的一切

7. **A.** 白天去了商店　　　　　**B.** 一分钱也没有
   C. 什么也没买到　　　　　**D.** 买到了便宜东西

8. **A.** 老牟应该向他说抱歉　　**B.** 老牟让别人辛苦工作
   C. 老牟应该作这个工作　　**D.** 老牟替别人作了工作

9. **A.** 王伟不用求别人　　　　**B.** 我们正想去找王伟
   C. 王伟能解决这个问题　　**D.** 除了王伟别人都不行

10. **A.** 我们没有到达那里　　　**B.** 我们很注意这些人
    C. 我们没有看到这些人　　**D.** 这些人不知道我们来了

11. **A.** 不喝稀粥　　　　　　　**B.** 收入很少
    C. 有十八口人　　　　　　**D.** 喜欢可口可乐

12. **A.** 1个　　　**B.** 2个　　**C.** 3个　　**D.** 4个

13. **A.** 他要自己解决问题 **B.** 他认为姐姐说得不对
    C. 他已经发现自己错了 **D.** 姐姐说的快，他听不懂

14. **A.** 他原来不想下棋 **B.** 他看出棋走错了
    C. 他不想那么合伙 **D.** 他承认合伙失败了

15. **A.** 不卖啤酒 **B.** 关门很早
    C. 是国家办的 **D.** 说话人常去

第 二 部 分

说明：16—35题，这部分试题，都是两个人的简短对话，第
三个人根据对话提出一个问题，请你在四个书面答案
中选择唯一恰当的答案。

例如：第22题，你听到：

22. 第一个人说：……

第二个人说：……

第三个问：……

你在试卷上看到四个答案：

A. 睡觉　　　**B**. 学习　　　**C**. 看病　　　**D**. 吃饭

第22题唯一恰当的答案是 **C**，你应在答卷上找到号码22，在
字母 **C** 上画一横线。横道一定要画得粗一些，重一些。

22. ［A］［B］ ~~C~~ ［D］

16. **A**. 说不好汉语　　　　　**B**. 不想说出来
　　 C. 她不爱德兴　　　　　**D**. 不回答问题

17. **A**. 接人出院　　　　　　**B**. 送人住院
　　 C. 看望病人　　　　　　**D**. 退还礼品

18. **A**. 六角　　**B**. 八角　　**C**. 九角　　**D**. 一元

19. **A**. 快死了　　　　　　　**B**. 不想活了
　　 C. 心里不快活　　　　　**D**. 很感谢女的

20. **A.** 不喜欢孩子   **B.** 不关心孩子
     C. 不会安排时间   **D.** 学习时很专心

21. **A.** 我刚认识陈文良   **B.** 我很了解陈文良
     C. 陈文良不是我朋友   **D.** 我想再见一次陈文良

22. **A.** 警察   **B.** 司机   **C.** 售货员   **D.** 海关人员

23. **A.** 监狱里   **B.** 医院病房
     C. 旅馆客房   **D.** 单位会客室

24. **A.** 有车也不去   **B.** 今天不会去
     C. 有汽车就去   **D.** 今天一定去

25. **A.** 男的是女的叔叔   **B.** 女的在打听价钱
     C. 男的买了三斤黄瓜   **D.** 女的想买一斤黄瓜

26. **A.** 有营养的食品   **B.** 有绿颜色的食品
     C. 没有甜味的食品   **D.** 腐烂、变质的食品

27. **A.** 孩子在说谎   **B.** 爸爸骗孩子
     C. 孩子喜欢爸爸   **D.** 爸爸主张诚实

28. **A.** 他要去医院   **B.** 他另有约会
     C. 他请女的等等他   **D.** 他请别人跟女的一起去

29. **A.** 改期了   **B.** 要开三天半

      C. 还要开一次   **D.** 时间延长了

30. **A.** 她的小说让他不舒服

      B. 他从来不看她的小说

      C. 他不习惯饭前看小说

      D. 他饿了一天，不能再看小说

31. **A.** 女的没接芳芳

      B. 芳芳没有去上学

      C. 芳芳被别人用车接走了

      D. 芳芳在校门口被车撞了

32. **A.** 中学校长   **B.** 毕业班学生

      C. 教育局领导   **D.** 新闻工作者

33. **A.** 她没有说   **B.** 一件衬衣

      C. 一件毛衣   **D.** 一条裤子

34. **A.** 洗碗   **B.** 做饭

      C. 炒菜   **D.** 生火

35. **A.** 她不能马上交他钱   **B.** 她当然有那么多钱

      C. 她拿得动这些东西   **D.** 她觉得他非常大方

第 三 部 分

说明：36—50题，这部分试题，你将听到几段简要的对话或
讲话。每段话之后，你将听到若干个问题，请你在四个
书面答案中选择唯一恰当的答案。

例如：第38—39题，你听到：

第一个人说：……

第二个人说：……

第三个人根据这段对话提出两个问题：

38. 问：……

你在试卷上看到四个答案：

A. 食堂　**B.** 商店　**C.** 电影院　**D.** 去商店的路上

根据对话，第38题唯一恰当的答案是 **D**，你应在答卷上找到
号码38，在字母 **D** 上画一横道。横道一定要画得粗一些，重
一些。

38.［A］［B］［C］~~［D］~~

你又听到：

39. 问：……

你在试卷上看到四个答案：

A. 学习　**B.** 看电影　**C.** 吃饭　**D.** 买东西

根据对话，第39题唯一恰当的答案是 **B**，你应在答卷上找到
号码39，在字母 **B** 上画一横道。横道一定要画得粗一些，重
一些。

39.［A］~~［B］~~［C］［D］

36. **A.** 学生　　**B.** 教师　　　**C.** 工人　　**D.** 医生

37. **A.** 读什么书好　　　　　　**B.** 读书的方法
　　C. 科学技术的发展　　　　**D.** 科学知识的重要性

38. **A.** 水里　　**B.** 空中　　　**C.** 公路上　　**D.** 铁道旁

39. **A.** 早晨　　**B.** 中午　　　**C.** 下午　　**D.** 晚上

40. **A.** 还不清楚　　　　　　　　**B.** 人为破坏
　　C. 超重运输　　　　　　　　**D.** 速度过快

41. **A.** 1人　　**B.** 12人　　　**C.** 45人　　**D.** 130人

42. **A.** 那个妇女　　　　　　　　**B.** 小姑娘的母亲
　　C. 那个妇女的朋友　　　　　**D.** 那个妇女的女儿

43. **A.** 她不敢吃　　　　　　　　**B.** 她留着送人
　　C. 她舍不得吃　　　　　　　**D.** 那个苹果不好吃

44. **A.** 那妇女长得像妈妈
　　B. 我对不起那个妇女
　　C. 那个苹果一定很好吃
　　D. 我要是她女儿就好了

45. **A.** 旅行途中应多交朋友
    B. 姑娘一人旅行麻烦多
    C. 人和人之间应多一点信任
    D. 不能随便要陌生人的礼物

46. **A.** 取钱　　**B.** 换钱　　**C.** 存钱　　**D.** 借钱

47. **A.** 李南南　　　**B.** 李兰兰　　　**C.** 吕兰兰　　　**D.** 许南南

48. **A.** 她离婚了　　　　　　**B.** 她生活很困难
    C. 她不想要孩子　　　　**D.** 她丈夫很喜欢她

49. **A.** 认为雷亚平不漂亮　　**B.** 认为雷亚平不聪明
    C. 认为雷亚平挣钱少　　**D.** 根本不想再见雷亚平

50. **A.** 他丢钱了　　　　　　**B.** 他还没结婚
    C. 他酗酒、赌博　　　　**D.** 他给女的买了礼品

二 语 法 结 构

(30题，20分钟)

第 一 部 分

说明：51—60题，在每一个句子下面都有一个指定词语，
句中 **A B C D** 是供选择的四个不同位置，请判断这一词语放在句中哪个位置上恰当。

例如：

55. 我们 **A** 一起 **B** 去上海 **C** 旅游 **D** 过。

              没有

"没有"只有放在句中 A 的位置上，使全句变为"我们没有一起去上海旅游过"，才合乎语法。所以第55题唯一恰当的答案是 A，你应在答卷上找到号码55，在字母 A 上画一横道。横道一定要画得粗一些，重一些。

55. ~~[A]~~   [B]   [C]   [D]

---

51. 你 **A** 怎么 **B** 知道 **C** 就是你要 **D** 找的仓库呢？

            那

52. 山顶上 **A** 高耸的石像 **B** 她们 **C** 忽略了 **D** 周围的一切。

             使

53. **A** 你能 **B** 那块残骨判断 **C** 死者的劳动和营养状况 **D** 吗？

            根据

54. A 我 B 也不敢开 C 汽车 D 那玩意儿了。

                再

55. 会修 A 录音机 B 就他 C 一个人 D。

                   的

56. A 那是一次 B 我 C 终生 D 难忘的旅行。

                 令

57. A 鸣凤的注意力正 B 集中 C 那枝 D 梅花上面。

                 在

58. 他伸展 A 睡 B 了一夜而变得 C 麻木 D 的腿脚。

                 着

59. 他们 A 再次 B 见面 C 是相隔了 D 15个月之后。

                 竟

60. A 趴在床沿上 B 的 C 握着他的手，D 不敢哭，也不敢喊。

              她

第二部分

61. 他随身带了一_____橡皮泥。

　　　　　　　　 A. 张　　　　 **B.** 只

　　　　　　　　 C. 块　　　　 **D.** 棵

62. 我茫然望着这张_____笑非笑的脸。

　　　　　　　　 A. 似　　　　 **B.** 像

　　　　　　　　 C. 是　　　　 **D.** 又

63. 三毛的到来，_____张家原先宁静的午休时间也变得热闹起
　　来。

33

A. 被　　　　B. 给

C. 愿　　　　D. 使

64. 人活_____要有志气有追求。

A. 了　　　　B. 完

C. 着　　　　D. 过

65. _____疾病、药物和营养缺乏引起的头发变白，经治疗可以恢复原色。

A. 由　　　　B. 凭

C. 以　　　　D. 据

66. 我_____社会工作一直很有兴趣。

A. 在于　　　B. 关于

C. 对于　　　D. 由于

67. 听说汪学勤已经_____关起来了。

A. 给　　　　B. 让

C. 叫　　　　D. 请

68. 我们上海人一般来客先敬茶，而在金昌则_____瓜代茶。

A. 按　　　　B. 以

C. 对　　　　D. 把

69. 对面_____一个人。

A. 过来　　　B. 回来

C. 起来　　　D. 下来

70. 电子书_____叫书，却处处给人以电器制品之感，到底算不算书呢？

A. 既然　　　B. 因为

C. 如果　　　D. 虽然

71. 他们的国家虽不大，_____各种风景都有一点。

    A. 但　　　　　　　　**B.** 于是

    C. 所以　　　　　　　**D.** 因为

72. 每一本书，_____大书小书，都有它的用处。

    A. 只要　　　　　　　**B.** 不论

    C. 即使　　　　　　　**D.** 尽管

73. 家里静得_____一只鸟落到房顶上_____能听见。

    A. 既然……就……

    B. 只有……才……

    C. 连……都……

    D. 既……也……

74. 他的突出表现_____使其对手们，_____使运动医学专家们感到惊讶。

    A. 固然……但是……

    B. 即使……那么……

    C. 因为……所以……

    D. 不仅……而且……

75. _____在历史长河中人生只是短暂的一瞬，_____人们总希望一生过得充实，过得有滋有味，五颜六色。

    A. 只有……才……

    B. 不管……都……

    C. 尽管……但是……

    D. 与其……不如……

76. 那天，刘小姐一个人在屋后的河边_____。

    A. 走走去来

    B. 走走来去

C. 走去走来

D. 走来走去

77. 兰妹的住所看上去破败不堪，_____。

A. 样子歪得不成房子

B. 房子不歪得成样子

C. 歪房子不得成样子

D. 房子歪得不成样子

78. 山里的孩子_____。

A. 不容易就是读起书来

B. 读起书来就是不容易

C. 读书起来就是不容易

D. 读起来书就是不容易

79. 弟弟穿了_____略显得肥大的旧罩衣。

A. 哥哥穿过的去年那件

B. 去年哥哥穿过的那件

C. 哥哥去年穿过那件的

D. 穿过的去年哥哥那件

80. 她正_____。

A. 做给自己一条蓝底白花的裙子

B. 给自己做一条裙子的蓝底白花

C. 给自己做一条蓝底白花的裙子

D. 做一条蓝底白花的给裙子自己

三 阅读理解

（50题，60分钟）

第一部分

说明：81—100题，每个句子中都有一个划线的词语，A B C D 四个答案是对这一划线的词语的不同解释，请选择最接近该词语的一种解释（在答卷上的字母上画一横道）。

81. 你为什么把人放走了？我不是告诉过你这个人无论如何也<u>得</u>把他留住吗？

    A. 能　　B. 会　　C. 要　　D. 想

82. 小红感到孤独，这是<u>确实</u>的。

    A. 真　　B. 正常　　C. 严重　　D. 遗憾

83. 那天你为什么<u>迟到</u>？

    A. 没来　　B. 报名　　C. 睡过了　　D. 来晚了

84. 孙子进不了幼儿园，我就自己教他。我自信，这点<u>本事</u>是有的。

    A. 志气　　B. 感情　　C. 觉悟　　D. 能力

85. 这里知名度不高，游客也不多，是一个<u>近乎</u>被遗忘的角落。

    A. 完全　　B. 从未　　C. 极易　　D. 差不多

86. 一直自认无罪的钱志明<u>闻</u>此判决，顿时收敛笑容，当堂变得木无表情。

A. 听　　B. 接　　C. 收到　　D. 发现

87. 他们筹集了2620元资助这位小朋友顽强地战胜病魔，却没有一位<u>肯</u>留下姓名。

A. 得　　B. 该　　C. 愿意　　D. 能够

88. 我丈夫读了那本<u>杂志</u>，看出了你写的那个人就是我。

A. 期刊　　B. 报纸　　C. 小说　　D. 剧本

89. 今年来，拍电视片的<u>经费</u>是很紧张的。

A. 人员　　B. 时间　　C. 预算　　D. 道具

90. <u>现代化</u>的通讯手段形成跨越性的波峰。

A. 先进　　B. 远大　　C. 目前　　D. 将来

91. 我们应该大力提倡写日记，<u>形成</u>写日记的风气。

A. 提高　　B. 养成　　C. 修养　　D. 研究

92. 谢军之所以棋下出来了，与她的自信心和<u>宽阔</u>的胸怀密不可分。

A. 狭窄　　B. 广大　　C. 空洞　　D. 深刻

93. 当鸽子发现不符合标准的零件时，立刻啄击另一块玻璃，发出废品的警报。

A. 够　　B. 超　　C. 管　　D. 顾

94. 好久未吃崇明蟹了，可只要往日在一起务农的朋友又<u>凑</u>在一起，免不了会想起崇明蟹。

A. 聚集　　B. 团结　　C. 联系　　D. 合作

95. 细细<u>琢磨</u>，这位年轻人的看法，别有一番道理。

A. 了解　　B. 考虑　　C. 解释　　D. 讨论

96. 在商业或私人<u>交际</u>中，无言也许是最好的选择之一。

A. 交待　　B. 交情　　C. 交通　　D. 交往

97. 至此，已有十一名科技干部到延庆<u>担任</u>科技副经理。

38

A. 当　　B. 管　　C. 找　　D. 挑

98. 教练杜莱与史文一向不和，杜莱正打算解雇他。

　　A. 开除　　B. 教训　　C. 吓唬　　D. 控告

99. 这会儿，小短儿守在这里，在等那高大的女人。

　　A. 呆　　B. 看　　C. 停　　D. 坐

100. 前不久，一位朋友赴日本留学，临行前，最放心不下
　　的是年近80的费路路夫妇。

　　A. 担心　　B. 想念　　C. 原谅　　D. 感动

第 二 部 分

> 说明：101—130题，每段文字后都有若干个问题，每个问题
> 都有 **A B C D** 四个答案，请快速阅读并根据它的内容
> 选择唯一恰当的答案（在答卷上的字母上画一横道）。

101—102.

　　无论如何，名人总是名人，名人的形象名誉总是比平常百
姓的值钱，因而也更需要保护。但是，既是名人，就不能拒绝社
会公众舆论的监督，也没有拒绝公众舆论批评的权利。因为，名
人的公众形象并不完全是属于他们自己的，他们是社会精神财
富的一部分。至少，就像名人拥有捍卫自己名誉不受侵犯的权利
一样，公众则拥有对这种权利品头论足的权利。这种权利也是应
当予以尊重并加以特别保护的。

【101】本文特别强调了下列哪种权利？

　　A. 百姓名誉不受侵犯的权利

　　B. 公众评论批评名人的权利

C. 名人使用自己财富的权利

D. 名人保护自己名誉的权利

【102】作者认为，名人不接受舆论批评：

A. 是没有道理的 B. 公众也应理解

C. 只是个别现象 D. 百姓也没办法

103—104

有一种鸟叫蜂鸟，是鸟类中最小的鸟，只有拇指大小。这鸟嘴细长，专吃花蜜和花上的小昆虫。这鸟产于南美洲，整日盘旋于仙人掌等几种花间，也许营养太单调，总也吃不大，飞不高。而有些人读书做学问的习惯，跟其很相似。这些人爱读书，却不大会读书，往往成了书的奴仆。这些人埋进书堆，一心只读自己的书，任天塌下来也不管。这些人苦读精神可嘉，本无可厚非，然而令人担心的是钻进象牙之塔出不来。读书就像吃饭，不可偏食。印刷的书籍要读，人生这本大书更得读。

【103】作者用蜂鸟来比喻：

A. 不读书的人 B. 会读书的人

C. 只知读书的人 D. 读书很多的人

【104】作者认为读书就像吃饭一样：

A. 要认真专心 B. 要广泛丰富

C. 要每天坚持 D. 要消化理解

105—107

羊是生活在陆地上的动物，但也有例外。非洲有一种生活在水里的"水羊"。这种羊双角弯长，眼睛是红色的，身体比陆地上的羊大二、三倍，肚子下生长着密密的"托毛"。

当地居民养水羊的很多，村旁的小河边、水面上，水羊像鸭子、鹅一样到处可见。水羊以食水草为生，终年生活在水里，很少上陆地。成年的水羊可以像船一样作渡河的工具，也可以宰杀吃肉。

【105】根据这段文字，与陆地上的羊相比，水羊：
　　A. 活得时间短　　　　B. 个头大得多
　　C. 毛又稀又少　　　　D. 肉不太好吃

【106】这段文字中提到"鸭子"和"鹅"，是为了说明水羊的：
　　A. 饲养数量　　　　　B. 食物类型
　　C. 生活习惯　　　　　D. 外貌特征

【107】这段文字没有告诉我们水羊：
　　A. 吃什么东西　　　　B. 眼睛什么颜色
　　C. 能用来干什么　　　D. 是哪国的动物

108—110

流言，无时无处不有，是社会一大公害。

流言，是没有根据的传言，或者说是人们相互传播而无任何根据的信息。

流言是一个没有良心的怪物，不知摧残了多少人的心灵……

要不相信流言，需加强自身修养，提高判断能力。据一项调查，男性比女性更易相信流言；文化素质低的比文化素质高的更易相信流言；个人经历不顺的人也容易听信流言。当然，这是就一般情况而言,与上述情况相反的也不少见。每个人应从自身的实际出发,不断提高自己的思想道德和文化素质,提高自己辨别是非的能力,做一个不传播流言的人。

【108】作者指出,流言这种东西:

    A. 对社会的影响有限   **B.** 奇怪然而并不可怕

    C. 是毫无效果的信息   **D.** 随时随地都可听到

【109】本文最后一段主要分析了流言:

    A. 包括哪些类型   **B.** 容易欺骗哪种人

    C. 是什么人制造的   **D.** 何时何地最易传播

【110】作者认为,文中所提到的那项调查:

    A. 结果绝对可靠   **B.** 范围不够广泛

    C. 根本没有说服力   **D.** 只反映一般情况

111—114

    好几次在电视节目中听见节目主持人问对方"你叫什么",我很反感。如果对方是一个小孩,回答说"我叫毛毛",或者"我是珍珍",那倒也显得有些亲切。但对方是一位有名有姓的成年人,这种问法就显得太粗鲁。我国祖传的语汇是很丰富的,传统的"请问尊姓大名?""台甫是?"或白话一些,"请问您的姓名",这不是迂腐而是应有的文明礼貌。我们应把公安部门审问罪犯时的第一句话"你叫什么?"和日常交往的语句区别开来。

【111】作者这段话是对谁说的?

    A. 警察   **B.** 罪犯   **C.** 小孩   **D.** 主持人

【112】"请问尊姓大名"一般不对什么人说?

    A. 罪犯   **B.** 成年人

    C. 公安人员   **D.** 节目主持人

【113】"台甫是？"大概是一种：

    A. 粗鲁的说法   **B.** 礼貌的说法

    C. 亲切的说法   **D.** 审讯的说法

【114】根据本文，问人姓名时应该考虑对方的：

    A. 性别   **B.** 职业   **C.** 年龄   **D.** 态度

115—118

    鲍鱼系名种鱼，但鉴于时下近海海水往往被工业废液严重污染，人们在品尝美味鲍鱼的同时，又难免为鱼肉也受到污染而忧心忡忡。于是日本创办了一个专门生产"安全鲍鱼"的公司。据报道，该公司建于渔港附近，养殖鲍鱼的海水是过滤过的，室内外水槽共180个，调节水温装置均由电脑控制，预计10年后11亿日元的建造费即可望全部赚回。目前，该公司年产"安全鲍鱼"60万尾。由于鲍鱼生长缓慢（一般要长四年才能成为商品鱼），售价相当高，但专家们认为，如采用生物工程技术，只需2年鱼苗即可长成商品鱼上市，价格也因此可望降低一半左右。

【115】"安全鲍鱼"的特点是：

    A. 味道鲜美   **B.** 生长迅速

    C. 长在近海   **D.** 未受污染

【116】使用电脑是为了控制：

    A. 温度   **B.** 费用   **C.** 生长   **D.** 价格

【117】使鲍鱼价格降低一半的条件是：

    A. 只投资5亿日元   **B.** 缩短鲍鱼生长期

    C. 水槽增至360个   **D.** 每年生产120万尾

【118】专家认为，生物工程技术可以使鲍鱼：

    A. 免受污染   **B.** 加速生长

C. 味道鲜美　　　　　　**D.** 提高价格

119—124

春生子是长白山溪流中的小鱼。这种鱼只有一拃长,白亮光洁,寿命极短。它春天悄然生来秋天默然死去。

人们叫它们鱼食。只为大鱼生,专为水鸟长。它们生存的目的就是供给别人吃。为了别人便于吞噬,它们形体光滑细小;为了满足别人数量上的需求,它们成群结队绵绵不绝;为了适应别人繁衍生长的季节,它们成熟在夏日。

善良的人们常常把怜悯廉价地抛给这类小生灵。其实大可不必。当它们葬身于别人腹腔肠壁时,定然会满足和庆幸。否则腐烂在污泥之中,这必定是它们极大的悲哀。

凡生长于自然的生灵必然归宿于自然。只是形式不同罢了。春生子选择了最直接的方式完美地完成了这一永恒的循环,并为之创造了柔顺与和谐。我认为这是明智之举。

我惊奇地在市场上发现了白亮亮的春生子安详地躺在筐篓里,一些人围着买。"买吧,鱼小干净,不用开膛破肚。用油一炸,酥脆香鲜。"女老板边收款边招揽生意。

春生子竟然成为"万物之灵"的智慧和力量的源泉。如果春生子有魂灵,那么人类高贵的胃肠就是他们的天堂。

【119】根据作者的描述,春生子:

　　　　A. 成熟在春天　　　　**B.** 生长在海洋

　　　　C. 爱单独行动　　　　**D.** 活的时间短

【120】人们把春生子叫做"鱼食",是因为它们:

　　　　A. 专门吃小鱼　　　　**B.** 味道很鲜美

　　　　C. 是大鱼吃的食物　　**D.** 是人钓鱼的鱼饵

【121】作者认为，人们觉得春生子可怜，这其实是：

    A. 假装的　　　　　　　　**B.** 不必要的

    C. 有道理的　　　　　　　　**D.** 不可理解的

【122】作者赞美春生子，主要因为它们：

    A. 为别人而活着　　　　　　**B.** 又干净又漂亮

    C. 敢跟敌人斗争　　　　　　**D.** 是团结的集体

【123】作者认为，假如没人吃春生子，它们一定会感到：

    A. 自豪　　**B.** 幸运　　**C.** 痛苦　　**D.** 气愤

【124】卖鱼的叫卖时，向人们强调春生子：

    A. 吃起来很方便　　　　　　**B.** 要用水煮着吃

    C. 得洗干净再吃　　　　　　**D.** 个又大肉又多

125—130

    据世界卫生组织统计，每年有1200万人过早地被心血管、脑血管疾病夺去了生命，心血管脑血管疾病的死亡率为各种疾病死亡率之首，而"中风"则是心血管、脑血管疾病的元凶。如果用"养神三分钟"自我治疗预防"中风"，每年可使全世界少死300万人，一年也可使我国少死60万人，因为"中风"多发生在夜间，最危险时刻是醒来的"一刹那"。但有绝招可防这"一刹那"，即在苏醒时，养神3分钟，定可逢凶化吉。

    患有高血压和心脏病的中老年人醒来的"一刹那"，如果闪电式地从卧位变坐位，突然下床活动的话，这是非常危险的。

    因为，这时思维处于朦胧状态，血液粘稠，脑部急性缺氧缺血，容易跌倒，在中风和猝死的病例中，有25%左右的人不能幸免于难，而大祸在这"一刹那"临头，真可谓祸从天降，使人措手不及。现代科学表明，"中风"是难以预报的，患有高血压和心脏病的人，应当切切牢记，当您苏醒时，头脑千万不要晃动，身体要保持原来的姿势，闭目养神3分钟后，再下床，这样，脑部就不再缺氧缺血了，一切都与醒时正常人一样，用这种简单易行的自我保健疗法，可以防中风、猝死于未然。

【125】据统计，世界每年有多少人死于心血管、脑血管病？

    A. 25%   **B.** 60万人 **C.** 300万人 **D.** 1200万人

【126】本文主要谈的是什么病？

    A. 中风 **B.** 高血压 **C.** 心脏病 **D.** 脑血管病

【127】"中风"最容易在什么时候发生？

    A. 白天 **B.** 夜间 **C.** 睡眠中 **D.** 刮风的时候

【128】下面哪条是高血压患者应特别注意的？

    A. 不要着急   **B.** 不要太累

    C. 睡醒后不要马上动 **D.** 保持足够的睡眠时间

【129】"闪电式"在本文的意思是：

    A. 很快 **B.** 很亮 **C.** 很活泼 **D.** 很奇怪

【130】晚上醒来突然下床为什么容易跌倒？

    A. 情绪紧张   **B.** 没休息好

    C. 没有灯光   **D.** 脑缺氧缺血

四 综合填空

(40题，30分钟)

第 一 部 分

> **说明：**131—154题，每段文字中都有若干个空儿（空儿中标有题目序号），每个空儿右边都有 **ABCD** 四个词语，请根据上下文的意思选择唯一恰当的词语（在答卷上的字母上画一横道）。

131—140

阅览规则

一、凡入室阅览者，一律凭131身份证领取座位号132入座。

二、本室所有报刊只准在133阅览，134不向外借阅；135没有管理人员许可而136本室者，137伍元。

三、要爱护报刊138，不准圈划、剪裁。

四、注意室内安静和139。不准大声喧哗，不准吸烟，不准随地吐痰。

五、凡来本室阅读者，必须140本馆制度，尊重和服从工作人员的管理。

××图书馆

×年×月

131. **A.** 别人　**B.** 本人　**C.** 人们　**D.** 大人

132. **A.** 找到　**B.** 相对　**C.** 自愿　**D.** 对号

133. **A.** 桌子　**B.** 屋里　**C.** 室内　**D.** 室外

134. **A.** 一律　　**B.** 所有　　**C.** 其他　　**D.** 到处
135. **A.** 向　　　**B.** 对　　　**C.** 被　　　**D.** 为
136. **A.** 带走　　**B.** 带去　　**C.** 带来　　**D.** 带出
137. **A.** 处置　　**B.** 处分　　**C.** 罚款　　**D.** 惩罚
138. **A.** 资料　　**B.** 资产　　**C.** 资格　　**D.** 资源
139. **A.** 生活　　**B.** 卫生　　**C.** 保卫　　**D.** 保护
140. **A.** 遵守　　**B.** 违反　　**C.** 按照　　**D.** 遵命

141—144

　　到2000年,中国的家庭将会怎样141?社会142家邓伟志所著的《家庭的明天》做了预测。

　　出生143:不必像现在这样采取强硬措施,人们就会自觉地少生,144不生。

141. **A.** 呢　　　**B.** 吗　　　**C.** 了　　　**D.** 着
142. **A.** 者　　　**B.** 学　　　**C.** 的　　　**D.** 人
143. **A.** 地　　　**B.** 日　　　**C.** 率　　　**D.** 时
144. **A.** 甚至　　**B.** 而且　　**C.** 都　　　**D.** 也

145—147

　　国外一些医学家们认为,当今人们在生活中有一种145的疾病—"时间病"。指人为时间所迫而感到146、紧张,甚至因此而147旧病复发,如冠心病、中风等。

145. **A.** 常规　　**B.** 常见　　**C.** 日常　　**D.** 常常
146. **A.** 健康　　**B.** 高兴　　**C.** 烦躁　　**D.** 麻烦
147. **A.** 发现　　**B.** 引申　　**C.** 发起　　**D.** 引起

148—151

　　我在南开大学期间,家书也多了起来。母亲不148字,家里的信都是父亲、妹妹或弟弟写来的;我也往家里写信,不过都很<u>149</u>，三言两语草草了事。大妹学着我的做法更改进了一步：
"哥：家中<u>150</u>都好，勿念。"这真让我哭笑不得。母亲告诉我父
亲："写信给他说，再写三言两语，不用往家里寄了。"其实父
亲的信也很短，下面的话是："<u>151</u>不必往家写信，工作忙，写
了信也不及时给你回了。"就这些。

148. **A.** 通　　**B.** 知　　**C.** 识　　**D.** 解
149. **A.** 多　　**B.** 少　　**C.** 长　　**D.** 短
150. **A.** 一切　**B.** 全部　**C.** 所有　**D.** 任何
151. **A.** 有空　**B.** 往常　**C.** 随时　**D.** 没事

152—154

　　据悉，现在中学生最热衷的三件事是：听歌、旅游、看广
告。另一项调查<u>152</u>表明，在中国城市<u>153</u>中，大约有80％的小孩
最喜欢看的电视节目是广告。由此探讨一下电视<u>154</u>中男女人物
的角色形象则是一件很有意义的事。因为心理学家认为这些形
象对少年儿童形成男人、女人角色概念会起到重要作用。

152. **A.** 结果　　**B.** 事件　　**C.** 节目　　**D.** 活动
153. **A.** 青年　　**B.** 成人　　**C.** 儿童　　**D.** 老人
154. **A.** 节目　　**B.** 广告　　**C.** 形象　　**D.** 新闻

第 二 部 分

> **说明**：155—170题，每段话中都有若干个空儿（空儿中标有
> 　　　题目序号），请根据上下文的意思在答卷上的每一个
> 　　　空格中填写一个恰当的汉字。

155—160

《世界博览》编辑部：

我的译文《黑人影星的忧郁》发表于贵刊第七期；但不巧的是，该译文同时刊于《环球》第七期。现将实际情155说明如下：

《黑人影星的忧郁》系1990年7月7日156号投寄贵刊的，该稿一直压在贵刊编辑部，因此我于1991年4月11日写信询问，但未获答复。这样我就又抄一份于1991年5月11日投寄《环球》157志社。两次投稿间隔几近一年之久，早已大大超过通常规定的"三个月后稿件可自行处理"的期限。所以我与一稿两投无涉。

我对贵刊的这次失误深表遗158。如果可能，请将这159信公之于众，并向读者致歉。

我将一如既往支160和爱护贵刊。

顺致崇高的敬意。

田惠刚
1991年7月25日

161—163

某公司诚聘业务咨询员，条件如下：

大专以上文161程度或两年以上工作162验，有房地产、有深圳户口者优先。

有意者请于本月20、21日携有效证件及相163到晶都酒店6楼多功能会议室面试。

164—167

1992年元164按规定元月一日放假一天，为165于安排工作，1991年12月29日（星期四）不休166，元月二日（星期四）补休一天，元月三日（星期五）照常上班。企业单位可根据167自的条件自行安排。

50

征婚

女，38岁，身高1.63米，在本市某事业单位做财务工作。品貌兼优，168格开朗，爱好文艺，重感情，离异。有一11岁的男孩。觅48岁以下，又爱孩子的男士，有愿者请信寄北京1611信169杨志清收转。有信必复，邮170编码：100101

（完）

HSK（初、中等）
样题听力录音材料

一　听　力　理　解

第 一 部 分

(1—15题)

这部分试题，都是一个人说一句话，第二个人根据这句话提一个问题。请你在四个书面答案中选择唯一恰当的答案。

例如：第8题，你听到：

第一个人说：现在差十分七点。

第二个人问：现在是什么时候？

你在试卷上看到四个答案：

A. 七点十分　B. 七点　C. 十点七分　D. 六点五十

第8题唯一恰当的答案是 D，所以你应该在答卷上找到号码8，在字母 D 上画一横道。横道一定要画得粗一些，重一些，把括号画满。

好，现在我们开始作第1题。

1. 我到他家去过，他也到我家来过。
   问：这句话是什么意思？

2. 老李，这个电视机坏了，您给看看吧。
   问：从这句话我们可以知道什么？

3. 吃饭后，他们看电视，我很累，就睡了。
   问：这句话是什么意思？

4. 今年1月至2月底，本市因交通事故共死亡62人，比去年同期
   多12人，上升26％。
   问：去年1月至2月因交通事故死亡多少人？

5. 还以为这雨会停呢，嘿，还越下越来劲儿！
   问：这句话的意思是什么？

6. 一个科学工作者离开了科研工作，她的生命就结束了，多活
   几年又有什么用？
   问：说话人认为科学工作者应该怎样？

7. 白上一回街，一分钱也没花出去。
   问：这句话是什么意思？

8. 老牟呀，这工作本来应该由我去作，却让你辛苦了，真抱歉。
   问：这句话告诉我们什么？

9. 既然王伟来了，我们就不用再求别人了。
   问：这句话是什么意思？

10. 我们的到达并没有引起这些人的注意。
    问：这句话告诉我们什么？

11. 五十六块钱的工资我挣了十八年，三口之家，我们不喝稀
    粥喝可口可乐吗？
    问：关于这个家庭我们可以知道什么？

12. 除了我知道他有个宏光商场和宏光饭店以外，他在劳动路
    还有个宏光花店，在蔡锷路还有个宏光装饰材料店。
    问：他有几个店？

13. 姐姐，你快别说了，的确是我自己的不是。
    问：说话的人为什么不让姐姐继续说？

14. 我也看透了，咱们俩合伙不是那么回事，我当初错走了这
    步棋。
    问：说话人是什么意思？

15. 附近街上有一家营业到深夜的私人酒店，我和那儿的人很
    熟，老板娘总是给我留几瓶冰镇啤酒。
    问：关于这家酒店，我们可以知道什么？

第 二 部 分

16. 男：你是怎么爱上德兴的？

　　女：我心中有很多话，但用汉语一时表达不了。

　　问：关于女的可以知道什么？

17. 男：你说送点什么礼物？

　　女：住院病人，送点补品吧。

　　问：他们要去干什么？

18. 女：这么甜的烤白薯，多少钱一斤？

男：西单卖一元，王府井也卖一元，还有些地方卖八角、六角。

问：下面哪种价钱他们没有提到？

19. 女：小李，今天你过生日，祝贺你。

男：又老了一年，离死又近了一点，应该悲伤才对。

问：小李现在怎样？

20. 女：他很会安排时间，上班之前，半小时看报，一小时数学。下班之后，一小时半的物理。

男：听说，学习的时候，连他顶喜欢的孩子也不准打搅他。

问：他有什么特点？

21. 女：你认识陈文良？

男：我跟陈文良共事多年，是熟得不能再熟的老友啦。

问：下面哪种说法最合乎对话的意思？

22. 女：师傅，我们能不能搭您的车进趟城？

男：一下儿上来六个，警察看见非罚我钱不可。

问：男的最可能是干什么的？

23. 女：同志，探视的时间已经过了，您的朋友刚做了手术，他需要好好休息。

男：对不起。

问：这段对话最可能发生在什么地方？

24. 男：万一不来，你今天去不去？
　　女：会来的，万一不来，我就去乘汽车。
　　问：女的打算是什么？

25. 女：叔叔，这黄瓜多少钱一斤？
　　男：三毛钱一斤，你要多少？
　　问：下面哪种理解正确？

26. 女："绿色食品"就是绿色的食物，对吗？
　　男："绿色食品"的正确含义是：有营养、无公害的食品类
　　　　产品。
　　问：绿色食品指的是什么？

27. 女：爸爸，你喜欢说谎的孩子吗？
　　男：当然不喜欢，我喜欢诚实的孩子。
　　问：下面哪种理解正确？

28. 女：你跟我一起去看画展吗？
　　男：不了，有人在剧院等我呢。
　　问：男的是什么意思？

29. 女：那个会议什么时候结束？
　　男：原定三点半完，现在看来再有一小时也完不了。
　　问：关于那个会，我们可以知道什么？

30. 女：你不想再读一遍我写的小说吗？
    男：我要是再读，至少又得一天吃不下饭去。
    问：男的是什么意思？

31. 女：芳芳她怎么了？你快说呀！
    男：芳芳放学以后，在校门口等你去接，等不着，就自己
        跑回来，在马路上被汽车撞着了。
    问：从男的话中我们可以知道什么？

32. 女：您好，张校长。今年的高考马上就要开始了。我们电台
        "午间半小时"节目组想就考生报志愿的情况，采访咱
        们这儿的学生，您看能不能给安排一下。
    男：没问题。等一会儿下了课，我让毕业班冯老师带您去。
    问：女的是干什么的？

33. 女：你在家做饭吧，我去商场看看有什么好看的毛线买点
        儿，我想给小孙女织一件毛衣。
    男：行。别忘了再给我买条裤子，要是钱够，再给我买件衬
        衣。
    问：女的打算为她自己买什么？

34. 女：你们在家干活吗？会生火做饭吗？
    男：会呀，我还会烧菜呢！
    问：下面哪一点是他们没有提到的？

35. 男：你买？一百万马上交款，你拿得起吗？

女：你也太小瞧人了！

问：女的是什么意思？

第 三 部 分

（36——50题）

这部分试题,你将听到几段简要的对话或讲话。每段话之后,你将听到若干个问题,请你在四个书面答案中选择唯一恰当的答案。

例如：第38—39题，你听到：

38—39题是根据下面一段对话：

女：吃饭了吗？

男：刚吃过，你上哪儿去？

女：上商店买东西。

男：你姐姐在家吗？

女：不在，她看电影去了。

第三个人根据这段对话提出两个问题：

38. 他们是在哪儿谈话的？

你在试卷上看到四个答案：

A. 食堂　B. 商店　C. 电影院　D. 去商店的路上

根据对话，第38题唯一恰当的答案是 D，所以你应该在答卷上找到号码38，在字母 D 上画一横道。横道一定要画得粗一些，重一些，把括号画满。

你又听到：

36到37题是根据下面一段话：

男：　　我是一个普通的造纸工人。我喜欢读书，喜欢学习。有许多工友管我叫"先生"。我不知道他们用意如何，而我却为此自豪。我们工人就应该学习科学知识嘛！

　　　　如果我们工人没有科学知识，没有技术，能生产出合格的产品吗？随着科学技术的发展，需要不断地学习，跟上社会前进的步伐，把学到的知识，充分利用到实际工作中，我们的工作才能合乎要求。

36. 问：讲话人的职业是什么？

37. 问：本文主要讲什么？

38到41题是根据下面一条消息：

女：　　一艘个体运输船因超载，在长江口被风浪击沉，船主胡某幸被"江申115"轮及时施救，幸免灭顶，但其妻失踪。

　　　　昨天，中午12时许，江苏宝应县个体运输户胡某的"安徽怀远挂1374"运输船满载130吨污泥，行至长江口"白北1号"附近时，由于受大风浪影响，加上超载，船失

60

控被浪击沉。沉船后，胡某怀抱一块木板在江面漂流，被从南通开来上海的"江申115"轮发现。在该轮船长的指挥下，经与风浪搏斗45分钟，终将胡某救起，其妻不知下落。

38. 问：这场事故发生在哪儿？
39. 问：事故发生在什么时候？
40. 问：事故的主要原因是什么？
41. 问：到目前为止，还有几个受害者没有得救？

42到45题是根据下面一段话：

女：　有一天夜晚，我搭上了从广州开往长沙的第58次列车。我躺在铺位上看杂志，听到一声温柔的呼唤："小姑娘！"我侧过脸，见对面铺位上有一位陌生的妇女，她手里正拿着一只红苹果。她说："喜欢吃吗？"我笑笑，摇摇头。那妇女硬是把苹果塞到我枕边，我只好有礼貌地道谢。

夜深人静，我拿起那只红苹果仔细地看了看，那是一只很精致圆滑的山东烟台苹果，发出诱人的香甜。她不认识我，凭什么送我苹果呢？我开始警惕起来，脑中迅速闪过儿时看过的童话故事：白雪公主吃了"陌生人"送的半只苹果，结果中毒了……我把苹果放下，打算天亮后还给她。

第二天一醒来，发现对面的铺位已经空了，苹果仍在枕边，下面还压着一张纸条：

"小姑娘，早上好！我知道你怀疑我的好意，不敢吃。女孩子出门在外多长一个心眼是好的，不怪你。苹果是我到广州开会时一位朋友送给我女儿的，可我女儿正在北京读大学。昨天一见到你，便觉得你很像我女儿，于是我猜想你也和我女儿一样，喜欢吃苹果……"

我很内疚，她能把我想象得像女儿一样可爱，而我却没有把她想象得像母亲一样可信。

苹果送到唇边时，我感到自己得到的不仅仅是一只苹果。

42. 问：那个苹果是谁给小姑娘的？
43. 问：小姑娘开始为什么不吃那个苹果？
44. 问：看了那个妇女留的纸条后小姑娘是怎么想的？
45. 问：通过本文，作者想告诉人们什么？

46到50题是根据下面一段话：

女：　　雷亚平在银行取款时，发现身旁一位女郎也在取款，他偷偷瞧了一眼，一时差点回不过神儿来。她太美了！雷亚平取完款转身离开时，情不自禁地撞了那女子一下。

"雷亚平，请等一等！"那女子将存折一收，竟叫着他的名字追了过来。

"你——你怎么认识我？"雷亚平心虚，有点语无伦次。

女的顽皮地把头一歪："你猜猜看！""猜不着。"雷亚平反有点尴尬。

"交个朋友，难道不欢迎吗？"女的落落大方，嫣然一笑。

雷亚平有点神魂颠倒了。

"欢迎，欢迎！"雷亚平伸出热情的手。"请教小姐芳名？"

"李兰兰。"

他们一见钟情，大有相见恨晚之感，俨然像对恋人，双双进了公园。

女的告诉他，她结过婚，但没有孩子，她同丈夫离了。原因是他酗酒、赌博成性，还三天两头打她。

　　雷亚平很同情她的遭遇，夸奖她果断、坚定，说那种男人不值得爱。

　　女的很感激，突然搂住雷亚平的脖子给他一吻。

　　雷亚平简直像醉人一般。

　　雷亚平回到家时，才发现忘形中把三百元刚取的钱丢了。但他不敢告诉妻子，也认为没有必要告诉妻子。

　　第二天黄昏，雷亚平按约准时到达公园，可女的没来，那张有特殊意义的双人椅上留着张字条：

　　亲爱的亚平先生：

　　谢谢你的厚爱，三百元一个吻也值得，不算太贵！拜拜！

兰兰
即日

46. 问：男的到银行来做什么？

47. 问：女的叫什么名字？

48. 问：下面哪件事是女的告诉雷亚平的？

49. 问：第二天女的为什么没来？

50. 问：关于雷亚平，下面哪种说法正确？

※听力理解考试到此结束。

HSK （初、中等）

样题标准答案

一、听力理解

1	A	2	C	3	B	4	C
5	D	6	C	7	C	8	D
9	C	10	D	11	B	12	D
13	C	14	D	15	D	16	A
17	C	18	C	19	C	20	D
21	B	22	B	23	B	24	D
25	B	26	A	27	D	28	B
29	D	30	A	31	A	32	D
33	A	34	A	35	B	36	C
37	D	38	A	39	B	40	C
41	A	42	A	43	A	44	B
45	C	46	A	47	B	48	A
49	D	50	A					

二、语法结构

51	C	52	B	53	B	54	B
55	B	56	B	57	C	58	A
59	C	60	C	61	C	62	A
63	D	64	C	65	A	66	C

67	A	68	B	69	A	70	D
71	A	72	B	73	C	74	D
75	C	76	D	77	D	78	B
79	B	80	C				

三、阅读理解

81	C	82	A	83	D	84	D
85	D	86	A	87	C	88	A
89	C	90	A	91	B	92	B
93	A	94	A	95	B	96	D
97	A	98	A	99	A	100	A
101	B	102	A	103	C	104	B
105	B	106	A	107	D	108	D
109	B	110	D	111	D	112	A
113	B	114	C	115	D	116	A
117	B	118	B	119	D	120	C
121	B	122	A	123	C	124	A
125	D	126	A	127	B	128	C
129	A	130	D				

四、综合填空

131	B	132	D	133	C	134	A
135	B	136	D	137	C	138	A
139	B	140	A	141	A	142	B
143	C	144	A	145	B	146	C
147	D	148	C	149	D	150	A

151 **D**	152 **A**	153 **C**	154 **B**
155 况	156 挂　掛	157 杂　雜	158 憾
159 封	160 持	161 化	162 经　經
163 片	164 旦	165 便	166 息
167 各	168 性	169 箱	170 政

HSK 常用词汇一览表

甲级词 1033,乙级词 2018,丙级词 2202,甲、乙、丙三级词共计 5253。

A

1	甲	啊	（叹）	17	乙	爱情	（名）
2	甲	啊	（助）	18	甲	爱人	（名）
3	乙	阿	（头）	19	丙	安	（动、形）
4	乙	阿拉伯语		20	丙	安定	（形、动）
		（阿拉伯文）（名）		21	甲	安静	（形）
5	乙	阿姨	（名）	22	甲	安排	（动、名）
6	乙	挨	（动）	23	乙	安全	（形、名）
7	乙	哎	（叹）	24	乙	安慰	（动、名）
8	乙	哎呀	（叹）	25	乙	安心	
9	丙	哎哟	（叹）	26	丙	安装	（动）
10	丙	唉	（叹）	27	乙	按	（介、动）
11	丙	挨	（动）	28	丙	按期	（副）
12	丙	癌	（名）	29	乙	按时	（副）
13	甲	矮	（形）	30	乙	按照	（介）
14	甲	爱	（动）	31	乙	暗	（形）
15	乙	爱好	（动、名）	32	丙	暗暗	（副）
16	乙	爱护	（动）	33	乙	岸	（名）
				34	丙	熬	（动）
				35	丙	奥秘	（名）

B

36	丙	扒	（动）	58	乙	败	（动、形）
37	甲	八	（数）	59	丙	拜访	（动）
38	乙	拔	（动）	60	丙	拜会	（动）
39	丙	把	（动）	61	甲	班	（名、量）
40	甲	把	（量）	62	乙	班长	（名）
41	丙	把握	（动、名）	63	甲	搬	（动）
42	甲	把	（介）	64	丙	般	（助）
43	丙	坝	（名）	65	乙	板	（名）
44	丙	罢	（动）	66	丙	瓣	（名）
45	丙	罢工		67	甲	半	（数）
46	甲	爸爸	（名）	68	丙	半岛	（名）
47	甲	吧	（助）	69	乙	半导体	（名）
48	甲	白	（形）	70	乙	半拉	
49	乙	白	（副）	71	甲	半天	（名）
50	丙	白白	（副）	72	乙	半夜	（名）
51	乙	白菜	（名）	73	甲	办	（动）
52	乙	白天	（名）	74	甲	办法	（名）
53	甲	百	（数）	75	乙	办公	
54	丙	百货	（名）	76	甲	办公室	（名）
55	丙	柏树	（名）	77	丙	办理	（动）
56	甲	摆	（动）	78	乙	办事	
57	丙	摆脱		79	乙	帮	（动）
				80	丙	帮	（名）
				81	乙	帮忙	
				82	甲	帮助	（动）

83	乙	榜样	（名）	108	丙	保障	（动、名）
84	丙	绑	（动）	109	乙	保证	（动、名）
85	丙	棒	（名）	110	甲	饱	（形）
86	丙	棒	（形）	111	丙	宝	（名）
87	丙	磅	（量）	112	乙	宝贵	（形）
88	乙	傍晚	（名）	113	丙	宝石	（名）
89	乙	包	（名、量）	114	甲	抱	（动）
90	乙	包	（动）	115	乙	抱歉	（形）
91	丙	包袱	（名）	116	甲	报	（名）
92	丙	包含	（动）	117	丙	报	（动）
93	乙	包括	（动）	118	丙	报酬	（名）
94	丙	包围	（动）	119	丙	报仇	
95	乙	包子	（名）	120	乙	报到	
96	丙	剥	（动）	121	乙	报道（报导）| （名）
97	乙	薄	（形）	122	丙	报复	（动、名）
98	乙	保	（动）	123	乙	报告	（动、名）
99	乙	保持	（动）	124	丙	报刊	（名）
100	乙	保存	（动）	125	乙	报名	
101	丙	保管	（动、名）	126	丙	报社	（名）
102	乙	保护	（动、名）	127	乙	报纸	（名）
103	乙	保留	（动）	128	丙	暴露	（动）
104	丙	保密		129	丙	暴雨	（名）
105	丙	保守	（动、形）	130	丙	爆发	（动）
106	乙	保卫	（动）	131	丙	爆炸	（动）
107	丙	保险	（形、名）	132	甲	杯	（名、量）

69

133	甲	杯子	（名）	158	乙	本	（副）
134	乙	碑	（名）	159	甲	本	（名、量）
135	丙	悲哀	（形）	160	乙	本	（代）
136	丙	悲观	（形）	161	乙	本来	（形）
137	乙	悲痛	（形）	162	乙	本领	（名）
138	甲	北	（名）	163	丙	本人	（代）
139	甲	北边	（名）	164	丙	本身	（代）
140	乙	北部	（名）	165	乙	本事	（名）
141	乙	北方	（名）	166	乙	本质	（名）
142	乙	北面	（名）	167	甲	本子	（名）
143	丙	辈	（名、量）	168	丙	奔	（动）
144	乙	背	（动）	169	乙	笨	（形）
145	丙	背包	（名）	170	丙	甭	（副）
146	乙	背	（名）	171	乙	逼	（动）
147	乙	背后	（名）	172	乙	鼻子	（名）
148	丙	背景	（名）	173	甲	比	（介、动）
149	丙	背诵	（动）	174	丙	比方	（名）
150	丙	背心	（名）	175	甲	比较	（副、动）
151	甲	倍	（量）	176	乙	比例	（名）
152	甲	被	（介）	177	乙	比如	（动）
153	丙	被动	（形）	178	甲	比赛	（动、名）
154	丙	被迫		179	甲	笔	（名、量）
155	乙	被子	（名）	180	乙	笔记	（名）
156	丙	奔	（动）	181	丙	笔试	（名）
157	丙	奔跑	（动）	182	丙	彼此	（代）

183 丙 毕竟	（副）	208 乙 便条	（名）
184 乙 毕业		209 丙 便于	（动）
185 乙 闭	（动）	210 甲 变	（动）
186 丙 闭幕		211 甲 变成	
187 丙 必	（副）	212 丙 变动	（动、名）
188 丙 必定	（副）	213 丙 变革	（动、名）
189 乙 必然	（形）	214 甲 变化	（动、名）
190 丙 必修	（动）	215 丙 辩论	（动、名）
191 丙 必需	（助动）	216 甲 遍	（量）
192 甲 必须	（助动、副）	217 乙 遍	（形）
193 乙 必要	（形）	218 乙 标点	（名）
194 丙 壁	（名）	219 丙 标语	（名）
195 乙 避	（动）	220 丙 标志	（动、名）
196 乙 避免	（动）	221 乙 标准	（名、形）
197 甲 边	（名）	222 甲 表	（名）
198 乙 边…边…		223 乙 表达	（动）
199 丙 边疆	（名）	224 乙 表面	（名）
200 丙 边界	（名）	225 乙 表明	（动）
201 丙 边缘	（名）	226 丙 表情	（名）
202 乙 编	（动）	227 甲 表示	（动、名）
203 丙 编辑	（动、名）	228 甲 表现	（动、名）
204 丙 编制	（动、名）	229 甲 表演	（动、名）
205 乙 扁	（形）	230 甲 表扬	（动）
206 乙 便	（副、连）	231 甲 别	（副）
207 丙 便利	（形、动）	232 丙 别	（动）

233 甲 别的	（代）	258 丙 拨	（动）
234 丙 别处	（名）	259 丙 波浪	（名）
235 甲 别人	（代）	260 丙 菠菜	（名）
236 丙 别字	（名）	261 丙 博士	（名）
237 乙 宾馆	（名）	262 丙 博物馆	（名）
238 乙 兵	（名）	263 丙 薄弱	（形）
239 乙 冰	（名）	264 乙 伯父(伯伯)（名）	
240 丙 冰棍儿	（名）	265 乙 伯母	（名）
241 丙 柄	（名）	266 乙 脖子	（名）
242 丙 丙	（名）	267 乙 捕	（动）
243 丙 饼	（名）	268 乙 补	（动）
244 乙 饼干	（名）	269 乙 补充	（动）
245 甲 病	（名、动）	270 乙 补课	
246 丙 病床	（名）	271 乙 补习	（动）
247 乙 病房	（名）	272 乙 不必	（副）
248 乙 病菌	（名）	273 甲 不错	（形）
249 丙 病情	（名）	274 乙 不大	（副）
250 乙 病人	（名）	275 甲 不但	（连）
251 乙 并	（副、连）	276 乙 不断	（副）
252 乙 并	（动）	277 丙 不对	
253 乙 并且	（连）	278 丙 不够	
254 乙 玻璃	（名）	279 丙 不顾	（动）
255 丙 剥削	（动、名）	280 乙 不过	（连）
256 丙 播	（动）	281 丙 不见	
257 丙 播送	（动）	282 丙 不见得	

283 丙 不利	（形）	308 丙 不满	（动、形）
284 丙 不料	（副）	309 丙 不免	（副、连）
285 乙 不论	（连）	310 乙 不平	（形、名）
286 丙 不是	（名）	311 乙 不然	（连）
287 丙 不是…而是…		312 甲 不如	（动、连）
288 丙 不是…就是…		313 乙 不少	（形）
289 乙 不是吗		314 丙 不停	（副）
290 丙 不像话		315 甲 不同	
291 乙 不幸	（形）	316 乙 不行	
292 甲 不要	（副）	317 乙 不许	
293 乙 不要紧		318 乙 不一定	
294 甲 不用	（副）	319 丙 不由得	（副）
295 甲 不	（副）	320 丙 不在乎	
296 丙 不安	（形）	321 丙 不怎么样	
297 丙 不比	（动）	322 丙 不曾	（副）
298 乙 不得不		323 丙 不止	（动）
299 乙 不得了	（形）	324 丙 不只	（连）
300 乙 不敢当		325 乙 不住	（副）
301 乙 不管	（连）	326 丙 不足	（形）
302 乙 不好意思		327 甲 布	（名）
303 乙 不仅	（连）	328 丙 布告	（名）
304 丙 不禁	（副）	329 乙 布置	（动）
305 甲 不久	（名）	330 乙 步	（名）
306 丙 不觉		331 丙 步骤	（名）
307 丙 不可	（动）	332 乙 部	（名、量）

333	乙	部长	（名）	355	乙	彩色	（名）
334	乙	部队	（名）	356	甲	菜	（名）
335	甲	部分	（名）	357	丙	餐车	（名）
336	乙	部门	（名）	358	乙	餐厅	（名）
337	丙	部署	（动、名）	359	甲	参观	（动）
				360	甲	参加	（动）
				361	丙	参考	（动、名）
				362	丙	参谋	（动、名）

C

338	甲	擦	（动）	363	丙	蚕	（名）
339	乙	猜	（动）	364	丙	残酷	（形）
340	丙	猜想	（动、名）	365	丙	惭愧	（形）
341	丙	裁缝	（名）	366	丙	惨	（形）
342	丙	裁判	（动、名）	367	丙	灿烂	（形）
343	乙	材料	（名）	368	丙	苍白	（形）
344	丙	才	（名）	369	丙	苍蝇	（名）
345	甲	才	（副）	370	丙	舱	（名）
346	丙	才能	（名）	371	丙	仓库	（名）
347	丙	财产	（名）	372	乙	藏	（动）
348	丙	财富	（名）	373	甲	操场	（名）
349	丙	财政	（名）	374	丙	操心	
350	乙	踩	（动）	375	丙	操纵	（动）
351	乙	采	（动）	376	丙	操作	（动）
352	乙	采购	（动）	377	甲	草	（名）
353	乙	采取	（动）	378	丙	草案	（名）
354	乙	采用	（动）	379	乙	草地	（名）

380	乙	草原	（名）	405	丙	铲
381	乙	厕所	（名）	406	乙	产量
382	丙	侧	（名、动）	407	乙	产品
383	乙	册	（量）	408	乙	产生
384	丙	测	（动）	409	丙	产物
385	丙	测量	（动）	410	丙	产值
386	丙	测试	（动、名）	411	丙	颤动
387	乙	测验	（动、名）	412	丙	颤抖
388	甲	层	（量）	413	乙	尝
389	乙	曾	（副）	414	甲	常
390	乙	曾经	（副）	415	甲	常常
391	乙	插	（动）	416	丙	常识
392	丙	插秧		417	甲	长
393	乙	叉子	（名）	418	丙	长度
394	丙	差别	（名）	419	丙	长久
395	甲	茶	（名）	420	乙	长期
396	丙	茶馆	（名）	421	乙	长途
397	丙	茶话会		422	丙	长远
398	丙	茶叶	（名）	423	丙	肠
399	甲	查	（动）	424	丙	厂长
400	乙	差	（形）	425	甲	场
401	甲	差	（动）	426	丙	场地
402	乙	差不多	（形）	427	丙	场合
403	乙	差点儿	（副）	428	丙	场面
404	乙	拆	（动）	429	甲	唱

405 丙 铲 （名、动）
406 乙 产量 （名）
407 乙 产品 （名）
408 乙 产生 （动）
409 丙 产物 （名）
410 丙 产值 （名）
411 丙 颤动 （动）
412 丙 颤抖 （动）
413 乙 尝 （动）
414 甲 常 （副）
415 甲 常常 （副）
416 丙 常识 （名）
417 甲 长 （形）
418 丙 长度 （名）
419 丙 长久 （形）
420 乙 长期 （名）
421 乙 长途 （名）
422 丙 长远 （形）
423 丙 肠 （名）
424 丙 厂长 （名）
425 甲 场 （量、名）
426 丙 场地 （名）
427 丙 场合 （名）
428 丙 场面 （名）
429 甲 唱 （动）

430 乙 超	（动）	455 丙 陈列	（动）
431 丙 超额	（动）	456 乙 趁	（介）
432 乙 超过	（动）	457 乙 衬衫	（名）
433 乙 抄	（动）	458 乙 衬衣	（名）
434 乙 抄写	（动）	459 丙 撑	（动）
435 丙 钞票	（名）	460 乙 称	（动）
436 甲 朝	（介、动）	461 丙 称呼	（动、名）
437 丙 潮	（名）	462 乙 称赞	（动）
438 丙 潮湿	（形）	463 甲 城	（名）
439 乙 吵	（动）	464 甲 城市	（名）
440 丙 吵架		465 甲 成	（动）
441 丙 炒	（动）	466 丙 成	（量）
442 甲 车	（名）	467 丙 成本	（名）
443 乙 车间	（名）	468 乙 成分(成份)	（名）
444 丙 车辆	（名）	469 乙 成功	（动、形）
445 丙 车厢	（名）	470 乙 成果	（名）
446 甲 车站	（名）	471 甲 成绩	（名）
447 丙 扯	（动）	472 乙 成就	（名）
448 丙 撤	（动）	473 乙 成立	（动）
449 乙 彻底	（形）	474 丙 成千上万	
450 丙 尘土	（名）	475 乙 成熟	（动、形）
451 丙 沉	（动、形）	476 丙 成天	（副）
452 乙 沉默	（形）	477 乙 成为	（动）
453 丙 沉思	（动）	478 丙 成语	（名）
454 丙 沉重	（形）	479 丙 成员	（名）

480	乙	成长	（动）	505	乙	充分	（形）
481	乙	乘	（动）	506	乙	充满	（动）
482	丙	乘客	（名）	507	丙	充实	（形、动）
483	丙	盛	（动）	508	乙	充足	（形）
484	乙	程度	（名）	509	乙	冲	（动）
485	丙	程序	（名）	510	丙	冲击	（动、名）
486	乙	诚恳	（形）	511	丙	冲突	（动、名）
487	乙	诚实	（形）	512	乙	虫子	（名）
488	丙	承包	（动）	513	乙	重	（副）
489	丙	承担	（动）	514	乙	重叠	（动）
490	乙	承认	（动）	515	乙	重复	（动）
491	甲	吃	（动）	516	乙	重新	（副）
492	乙	吃惊		517	乙	崇高	（形）
493	丙	吃苦		518	丙	冲	（动、介）
494	丙	吃亏		519	甲	抽	（动）
495	丙	吃力	（形）	520	乙	抽象	（形）
496	丙	持久	（形）	521	乙	愁	（动）
497	丙	池	（名）	522	丙	仇	（名）
498	丙	迟	（形）	523	丙	仇恨	（动、名）
499	甲	迟到	（动）	524	丙	丑	（形）
500	乙	尺	（名、量）	525	乙	臭	（形）
501	丙	尺寸	（名）	526	乙	初	（形、头）
502	丙	尺子	（名）			[初一]	
503	丙	赤道	（名）	527	乙	初步	（形）
504	乙	翅膀	（名）	528	乙	初级	（形）

77

529	丙	初期	(名)	554	丙	除非	(连)
530	丙	初中	(名)	555	甲	除了…以外	
531	甲	出	(动)	556	乙	处	(动)
532	乙	出版	(动)	557	乙	处分	(名、动)
533	甲	出发	(动)	558	乙	处理	(动、名)
534	乙	出口		559	丙	处于	(动)
535	甲	出来		560	乙	处	(名)
536	丙	出路	(名)	561	丙	处处	(副)
537	丙	出卖	(动)	562	甲	穿	(动)
538	丙	出门		563	乙	传	(动)
539	丙	出难题		564	乙	传播	(动)
540	甲	出去		565	丙	传达	(动)
541	丙	出身	(动、名)	566	丙	传染	(动)
542	乙	出生	(动)	567	丙	传说	(动、名)
543	丙	出事		568	乙	传统	(名)
544	乙	出席		569	甲	船	(名)
545	丙	出息	(名)	570	丙	喘	(动)
546	甲	出现	(动)	571	丙	串	(动、量)
547	丙	出洋相		572	甲	窗	(名)
548	乙	出院		573	甲	窗户	(名)
549	丙	出租	(动)	574	丙	窗口	(名)
550	甲	出租汽车		575	丙	窗帘	(名)
551	乙	厨房	(名)	576	丙	窗台	(名)
552	乙	除	(动)	577	甲	床	(名)
553	丙	除	(介)	578	丙	床单	(名)

579	乙	闯	（动）	604	甲	次	（量）
580	乙	创	（动）	605	丙	次	（形）
581	丙	创立	（动）	606	丙	次要	（形）
582	丙	创新	（动、名）	607	丙	伺候	（动）
583	乙	创造	（动、名）	608	乙	聪明	（形）
584	乙	创作	（动、名）	609	丙	匆忙	（形）
585	甲	吹	（动）	610	丙	从容	（形）
586	丙	垂	（动）	611	甲	从	（介）
587	丙	垂直	（动）	612	乙	从不(从没)	
588	甲	春	（名）	613	乙	从…出发	
589	丙	春季	（名）	614	乙	从此	（连）
590	乙	春节	（名）	615	甲	从…到	
591	甲	春天	（名）	616	乙	从而	（连）
592	丙	纯	（形）	617	乙	从来	（副）
593	丙	纯洁	（形、动）	618	甲	从…起	
594	甲	磁带	（名）	619	甲	从前	（名）
595	丙	瓷	（名）	620	乙	从事	（动）
596	甲	词	（名）	621	丙	丛	（名）
597	甲	词典	（名）	622	丙	凑	（动）
598	丙	词汇	（名）	623	乙	粗	（形）
599	乙	此	（代）	624	丙	粗心	（形）
600	丙	此刻	（名）	625	丙	粗心大意	
601	乙	此外	（连）	626	乙	醋	（名）
602	乙	刺	（动）	627	乙	促进	（动）
603	丙	刺激	（动、名）	628	丙	促使	（动）

629 丙 窜　　　　　（动）

630 乙 催　　　　　（动）

631 丙 摧毁　　　　（动）

632 丙 村庄　　　　（名）

633 丙 村子　　　　（名）

634 乙 存　　　　　（动）

635 乙 存在　　　　（动）

636 乙 寸　　　　　（量）

637 丙 搓　　　　　（动）

638 乙 措施　　　　（名）

639 丙 挫折　　　　（名）

640 甲 错　　　　（形、名）

641 丙 错字　　　　（名）

642 甲 错误　　　　（名）

D

643 乙 搭　　　　　（动）

644 乙 答　　　　　（动）

645 乙 答案　　　　（名）

646 丙 答复　　　（动、名）

647 乙 答卷　　　　（名）

648 乙 答应　　　　（动）

649 丙 达　　　　　（动）

650 乙 达到

651 丙 达标　　　　（动）

652 甲 打　　　　　（动）

653 丙 打　　　　　（介）

654 丙 打败

655 乙 打扮　　　　（动）

656 乙 打倒

657 丙 打击　　　　（动）

658 丙 打架.

659 丙 打交道

660 丙 打量　　　　（动）

661 丙 打破

662 乙 打扰　　　　（动）

663 丙 打扫　　　　（动）

664 甲 打算　　　（动、名）

665 乙 打听　　　　（动）

666 丙 打仗

667 丙 打招呼

668 乙 打针

669 甲 大　　　　　（形）

670 丙 大半　　　　（名）

671 丙 大便　　　　（名）

672 丙 大大　　　　（副）

673 乙 大胆　　　　（形）

674 丙 大道　　　　（名）

675 丙 大地　　　　（名）

676	丙	大都	（副）	701	丙	大意	（名、形）
677	丙	大队	（名）	702	乙	大约	（副）
678	乙	大多数	（名）	703	丙	大致	（形）
679	丙	大方	（形）	704	丙	大众	（名）
680	甲	大概	（形）	705	丙	大自然	（名）
681	丙	大哥	（名）	706	乙	呆	（形）
682	乙	大会	（名）	707	乙	呆	（动）
683	乙	大伙儿	（代）	708	甲	大夫	（名）
684	甲	大家	（代）	709	甲	戴	（动）
685	乙	大街	（名）	710	甲	带	（动）
686	丙	大力	（副）	711	丙	带儿	（名）
687	乙	大量	（形）	712	丙	带动	（动）
688	乙	大陆	（名）	713	丙	带领	（动）
689	乙	大米	（名）	714	丙	带头	
690	丙	大脑	（名）	715	丙	代	（动、介）
691	乙	大批	（形）	716	乙	代	（名）
692	乙	大人	（名）	717	丙	代办	（名、动）
693	丙	大嫂	（名）	718	甲	代表	（名、动）
694	甲	大声	（名）	719	丙	代价	（名）
695	丙	大使	（名）	720	丙	代理	（动）
696	乙	大使馆	（名）	721	乙	代替	（动）
697	乙	大小	（名）	722	乙	袋	（名、量）
698	乙	大型	（形）	723	乙	待	（动）
699	甲	大学	（名）	724	丙	待遇	（名）
700	乙	大衣	（名）	725	丙	逮捕	（动）

726	丙	耽误	(动)	751	乙	当…的时候	
727	丙	担	(动)	752	乙	当地	(名)
728	丙	担负	(动)	753	丙	当家	
729	乙	担任	(动)	754	丙	当面	
730	乙	担心		755	乙	当年	(名)
731	乙	单	(形)	756	乙	当前	(名)
732	乙	单	(副)	757	甲	当然	(形)
733	丙	单纯	(形)	758	乙	当时	(名)
734	乙	单词	(名)	759	丙	当中	(名)
735	乙	单调	(形)	760	乙	挡	(动)
736	丙	单独	(形)	761	乙	党	(名)
737	乙	单位	(名)	762	丙	党派	(名)
738	丙	胆	(名)	763	丙	党委	(名)
739	乙	但	(连)	764	乙	党员	(名)
740	甲	但是	(连)	765	乙	当	(动)
741	乙	淡	(形)	766	乙	当做	(动)
742	丙	诞生	(动)	767	丙	档案	(名)
743	乙	蛋	(名)	768	甲	刀	(名)
744	丙	蛋白质	(名)	769	乙	刀子	(名)
745	乙	蛋糕	(名)	770	甲	倒	(动)
746	甲	当	(介)	771	丙	倒霉	
747	甲	当	(动)	772	丙	倒腾	(动)
748	丙	当	(助动)	773	乙	岛	(名)
749	丙	当初	(名)	774	丙	岛屿	(名)
750	丙	当代	(名)	775	丙	导弹	(名)

776	丙	导师	（名）	801	乙	…的话	
777	丙	导演	（名、动）	802	甲	地	（助）
778	丙	导致	（动）	803	甲	得	（助动）
779	甲	到	（动）	804	甲	得	（助）
780	乙	到处	（副）	805	甲	…得很	
781	乙	到达	（动）	806	甲	灯	（名）
782	乙	到底		807	丙	灯火	（名）
783	乙	到底	（副）	808	丙	灯笼	（名）
784	丙	到…为止		809	乙	登	（动）
785	乙	倒	（动）	810	乙	登记	（动）
786	乙	倒（是）	（副）	811	丙	蹬	（动）
787	乙	道	（动）	812	甲	等	（动）
788	甲	道	（量）	813	乙	等	（名）
789	乙	道	（名）	814	甲	等	（助）
790	乙	道德	（名）	815	乙	等待	（动）
791	甲	道理	（名）	816	丙	等到	（连）
792	乙	道路	（名）	817	丙	等候	（动）
793	乙	道歉		818	乙	等于	（动）
794	甲	得	（动）	819	丙	瞪	（动）
795	丙	得病		820	丙	凳子	（名）
796	甲	得到		821	丙	堤	（名）
797	丙	得了		822	甲	低	（形、动）
798	丙	得意	（形）	823	丙	滴	（动）
799	乙	德语（德文）	（名）	824	乙	滴	（量）
800	甲	的	（助）	825	乙	敌人	（名）

826	乙	的确	（副）
827	丙	抵	（动）
828	丙	抵抗	（动）
829	丙	底	（名）
830	丙	底片	（名）
831	乙	底下	（名）
832	甲	地	（名）
833	丙	地板	（名）
834	丙	地步	（名）
835	乙	地带	（名）
836	丙	地道	（形）
837	乙	地点	（名）
838	甲	地方	（名）
839	乙	地方	（名）
840	丙	地理	（名）
841	乙	地面	（名）
842	乙	地球	（名）
843	乙	地区	（名）
844	丙	地势	（名）
845	丙	地毯	（名）
846	乙	地图	（名）
847	乙	地位	（名）
848	乙	地下	（名）
849	丙	地形	（名）
850	丙	地震	（名）

851	乙	地址	（名）
852	丙	地质	（名）
853	丙	地主	（名）
854	甲	第	（头）
		［第一］	
855	甲	弟弟	（名）
856	丙	弟兄	（名）
857	乙	递	（动）
858	甲	点	（名）
859	甲	点	（量）
860	甲	点	（动）
861	甲	点心	（名）
862	甲	点钟	（名）
863	丙	典礼	（名）
864	丙	典型	（名、形）
865	甲	电	（名）
866	乙	电报	（名）
867	乙	电冰箱(冰箱)	（名）
868	甲	电车	（名）
869	丙	电池	（名）
870	甲	电灯	（名）
871	乙	电风扇(电扇)	（名）
872	甲	电话	（名）
873	丙	电力	（名）
874	丙	电铃	（名）

875	丙	电流	（名）	900	丙	爹	（名）
876	丙	电炉	（名）	901	丙	叠	（动）
877	丙	电脑	（名）	902	丙	丁	（名）
878	丙	电器	（名）	903	丙	盯	（动）
879	甲	电视	（名）	904	丙	钉	（动）
880	乙	电视台	（名）	905	丙	钉子	（名）
881	乙	电台	（名）	906	乙	顶	（名）
882	乙	电梯	（名）	907	乙	顶	（动）
883	丙	电线	（名）	908	丙	顶	（副）
884	丙	电压	（名）	909	丙	顶	（量）
885	甲	电影	（名）	910	乙	定	（动）
886	乙	电影院	（名）	911	丙	定期	（名）
887	丙	电子	（名）	912	乙	订	（动）
888	乙	店	（名）	913	丙	订婚(定婚)	
889	丙	惦记	（动）	914	甲	丢	（动）
890	丙	垫	（动）	915	甲	东	（名）
891	丙	奠定	（动）	916	甲	东边	（名）
892	丙	雕刻	（动、名）	917	乙	东北	（名）
893	甲	掉	（动）	918	乙	东部	（名）
894	乙	吊	（动）	919	乙	东方	（名）
895	乙	钓	（动）	920	乙	东面	（名）
896	乙	调	（动）	921	乙	东南	（名）
897	乙	调查	（动）	922	甲	东西	（名）
898	丙	调动	（动）	923	甲	冬	（名）
899	乙	跌	（动）	924	丙	冬季	（名）

925	甲	冬天	（名）	950	乙	逗	（动）
926	甲	懂	（动）	951	甲	都	（副）
927	乙	懂得	（动）	952	丙	毒	（形、动）
928	丙	懂事		953	丙	毒	（名）
929	甲	动	（动）	954	乙	独立	（动）
930	丙	动机	（名）	955	丙	独特	（形）
931	丙	动静	（名）	956	丙	独自	（副）
932	丙	动力	（名）	957	甲	读	（动）
933	乙	动人	（形）	958	乙	读书	
934	乙	动身		959	丙	读物	（名）
935	乙	动手		960	乙	读者	（名）
936	甲	动物	（名）	961	乙	堵	（动）
937	乙	动物园	（名）	962	乙	肚子	（名）
938	丙	动摇	（动）	963	乙	度	（名、量）
939	乙	动员	（动）	964	乙	度过	（动）
940	乙	动作	（名）	965	乙	渡	（动）
941	乙	冻	（动）	966	乙	端	（动）
942	乙	洞	（名）	967	丙	端	（名）
943	丙	抖	（动）	968	丙	端正	（形、动）
944	丙	陡	（形）	969	甲	短	（形）
945	丙	斗	（动）	970	乙	短期	（名）
946	乙	斗争	（动、名）	971	甲	锻炼	（动）
947	丙	豆浆	（名）	972	甲	段	（量）
948	乙	豆腐	（名）	973	乙	断	（动）
949	丙	豆子	（名）	974	乙	堆	（动）

975	丙	堆	（名、量）	1000	乙 蹲	（动）
976	丙	堆积	（动）	1001	甲 顿	（量）
977	丙	兑换	（动）	1002	丙 顿时	（副）
978	乙	队	（名）	1003	丙 哆嗦	（动）
979	乙	队长	（名）	1004	甲 多	（形）
980	乙	队伍	（名）	1005	甲 多	（副）
981	丙	队员	（名）	1006	甲 多	（数）
982	甲	对	（介、动）	1007	丙 多半	（副）
983	甲	对	（形）	1008	丙 多亏	（动.副）
984	乙	对	（量）	1009	丙 多劳多得	
985	丙	对…来说		1010	甲 多么	（副）
986	乙	对比	（动、名）	1011	甲 多少	（代）
987	甲	对不起		1012	乙 多数	（名）
988	乙	对待	（动）	1013	丙 多余	（形）
989	丙	对得起		1014	乙 夺	（动）
990	乙	对方	（名）	1015	丙 夺取	（动）
991	乙	对付	（动）	1016	乙 躲	（动）
992	乙	对话	（动、名）	1017	乙 朵	（量）
993	丙	对了				
994	丙	对立	（动）		**E**	
995	丙	对门	（名）			
996	乙	对面	（名）			
997	乙	对象	（名）	1018	乙 鹅	（名）
998	乙	对于	（介）	1019	丙 俄语(俄文)	（名）
999	乙	吨	（量）	1020	丙 恶心	（动、形）
				1021	丙 恶	（形）

1022 丙 恶劣	（形）	1043 丙 发射	（动）
1023 丙 恶化	（动）	1044 甲 发生	（动）
1024 甲 饿	（形、动）	1045 甲 发现	（动、名）
1025 乙 而	（连）	1046 丙 发行	（动）
1026 甲 而且	（连）	1047 乙 发言	
1027 丙 儿女	（名）	1048 乙 发扬	（动）
1028 乙 儿童	（名）	1049 丙 发育	（动）
1029 甲 儿子	（名）	1050 甲 发展	（动、名）
1030 乙 耳朵	（名）	1051 丙 罚	（动）
1031 甲 二	（数）	1052 乙 法郎	（名）
		1053 丙 法令	（名）
F		1054 乙 法律	（名）
		1055 甲 法语（法文）	（名）
		1056 丙 法院	（名）
1032 甲 发	（动）	1057 丙 法制	（名）
1033 乙 发表	（动）	1058 丙 法子	（名）
1034 乙 发出	（动）	1059 丙 番	（量）
1035 乙 发达	（形）	1060 甲 翻	（动）
1036 丙 发电		1061 丙 翻身	
1037 乙 发动	（动）	1062 甲 翻译	（动、名）
1038 乙 发抖	（动）	1063 乙 繁荣	（形、动）
1039 乙 发挥	（动）	1064 丙 繁殖	（动）
1040 丙 发觉	（动）	1065 乙 凡	（副）
1041 乙 发明	（动、名）	1066 丙 凡是	（副）
1042 甲 发烧		1067 丙 烦	（形、动）

1068	丙	反	（形、动）	1093	甲	方法	（名）
1069	丙	反	（副）	1094	甲	方面	（名）
1070	乙	反动	（形）	1095	乙	方式	（名）
1071	甲	反对	（动）	1096	甲	方向	（名）
1072	丙	反而	（副）	1097	乙	方针	（名）
1073	乙	反复	（副、名）	1098	甲	房间	（名）
1074	丙	反击	（动、名）	1099	丙	房屋	（名）
1075	乙	反抗	（动）	1100	乙	房子	（名）
1076	丙	反问	（动）	1101	乙	防	（动）
1077	乙	反应	（动、名）	1102	丙	防守	（动）
1078	乙	反映	（动、名）	1103	丙	防御	（动）
1079	乙	反正	（副）	1104	乙	防止	（动）
1080	丙	返	（动）	1105	丙	防治	（动）
1081	乙	范围	（名）	1106	丙	妨碍	（动）
1082	乙	犯	（动）	1107	乙	仿佛	（动）
1083	丙	犯人	（名）	1108	甲	访问	（动、名）
1084	丙	犯罪		1109	丙	纺	（动）
1085	甲	饭	（名）	1110	乙	纺织	（动）
1086	甲	饭店	（名）	1111	甲	放	（动）
1087	丙	饭馆	（名）	1112	乙	放大	（动）
1088	丙	泛滥	（动）	1113	甲	放假	
1089	乙	方	（形）	1114	乙	放弃	（动）
1090	丙	方	（名）	1115	丙	放手	
1091	乙	方案	（名）	1116	丙	放松	（动）
1092	甲	方便	（形、动）	1117	乙	放心	

1118	丙	放学		1143	甲	分	（动）
1119	丙	放映	（动）	1144	甲	分	（名、量）
1120	丙	非	（副）	1145	乙	分别	（动、副）
1121	丙	非	（形）	1146	丙	分布	（动）
1122	乙	非…不可		1147	丙	分割	（动）
1123	甲	非常	（副）	1148	丙	分工	
1124	甲	飞	（动）	1149	丙	分解	（动）
1125	甲	飞机	（名）	1150	丙	分离	（动）
1126	丙	飞快	（形）	1151	丙	分裂	（动）
1127	丙	飞行	（动）	1152	丙	分泌	（动）
1128	丙	飞跃	（动、名）	1153	丙	分明	（形、副）
1129	乙	肥	（形）	1154	乙	分配	（动）
1130	丙	肥料	（名）	1155	丙	分散	（动、形）
1131	丙	肥皂	（名）	1156	丙	分数	（名）
1132	乙	肺	（名）	1157	乙	分析	（动、名）
1133	丙	废	（形、动）	1158	甲	…分之…	
1134	丙	废除	（动）	1159	甲	分钟	（名）
1135	丙	废话	（名）	1160	丙	分子	（名）
1136	丙	废墟	（名）	1161	乙	纷纷	（形）
1137	丙	沸腾	（动）	1162	丙	坟	（名）
1138	乙	费	（名）	1163	丙	粉	（名）
1139	乙	费	（动）	1164	乙	粉笔	（名）
1140	丙	费力		1165	丙	粉碎	（动）
1141	乙	费用	（名）	1166	丙	分量	（名）
1142	乙	吩咐	（动）	1167	丙	分子	（名）

1168 乙 奋斗	（动）	1193 丙 夫妻	（名）
1169 乙 份	（量）	1194 甲 夫人	（名）
1170 乙 愤怒	（形）	1195 乙 扶	（动）
1171 丙 粪	（名）	1196 乙 幅	（量）
1172 丙 丰产	（动）	1197 乙 符合	（名、动）
1173 甲 丰富	（形、动）	1198 丙 服	（动）
1174 丙 丰收	（动）	1199 乙 服从	（动）
1175 丙 封	（动）	1200 甲 服务	（动）
1176 甲 封	（量）	1201 甲 服务员	（名）
1177 乙 封建	（形）	1202 乙 浮	（动）
1178 丙 封锁	（动）	1203 甲 辅导	（动、名）
1179 甲 风	（名）	1204 丙 俯	（动）
1180 丙 风格	（名）	1205 丙 腐蚀	（动）
1181 乙 风景	（名）	1206 丙 腐朽	（形）
1182 乙 风力	（名）	1207 乙 副	（量）
1183 丙 风气	（名）	1208 乙 副	（形）
1184 乙 风俗	（名）	1209 乙 副食	（名）
1185 丙 疯	（形）	1210 丙 复活节	（名）
1186 丙 疯狂	（形）	1211 乙 复述	（动）
1187 乙 逢	（动）	1212 甲 复习	（动）
1188 丙 缝	（动）	1213 乙 复印	（动）
1189 丙 讽刺	（动）	1214 甲 复杂	（形）
1190 丙 佛教	（名）	1215 丙 复制	（动）
1191 乙 否定	（动）	1216 乙 付	（动）
1192 乙 否则	（连）	1217 甲 父亲	（名）

1218	丙	负	(动)	1240	乙	盖	(动)
1219	丙	负担	(动、名)	1241	丙	盖子	(名)
1220	甲	负责	(动、形)	1242	乙	干	(形)
1221	乙	富	(形)	1243	乙	干杯	
1222	丙	富有	(形、动)	1244	乙	干脆	(形)
1223	丙	富裕	(形)	1245	丙	干旱	(形)
1224	甲	附近	(名)	1246	甲	干净	(形)
1225	乙	妇女	(名)	1247	丙	干扰	(动、名)
1226	丙	妇人	(名)	1248	丙	干涉	(动)
				1249	乙	干燥	(形)

G

				1250	丙	甘	(形)
				1251	乙	杆	(名)
1227	甲	该	(助动、动)	1252	乙	肝	(名)
1228	乙	该	(代)	1253	乙	赶	(动)
1229	甲	改	(动)	1254	乙	赶紧	(副)
1230	丙	改编	(动)	1255	乙	赶快	(副)
1231	甲	改变	(动、名)	1256	丙	赶忙	(副)
1232	乙	改革	(动、名)	1257	丙	赶上	
1233	乙	改进	(动、名)	1258	甲	感到	(动)
1234	丙	改良	(动、名)	1259	乙	感动	(动)
1235	乙	改善	(动、名)	1260	乙	感激	(动)
1236	乙	改造	(动、名)	1261	乙	感觉	(动、名)
1237	乙	改正	(动)	1262	甲	感冒	(动、名)
1238	乙	概括	(动、名)	1263	乙	感情	(名)
1239	乙	概念	(名)	1264	丙	感受	(名、动)

1265 乙 感想	（名）	1290 乙 高度	（名、形）
1266 甲 感谢	（动）	1291 丙 高峰	（名）
1267 乙 感兴趣		1292 丙 高级	（名）
1268 甲 敢	（助动）	1293 丙 高粱	（名）
1269 丙 敢于	（动）	1294 丙 高尚	（形）
1270 甲 干	（动）	1295 丙 高速	（形）
1271 甲 干部	（名）	1296 甲 高兴	（形、动）
1272 乙 干活儿		1297 丙 高压	（名）
1273 丙 干劲儿	（名）	1298 乙 高原	（名）
1274 乙 干吗		1299 丙 高中	（名）
1275 甲 刚	（副）	1300 甲 搞	（动）
1276 甲 刚才	（名）	1301 丙 稿	（名）
1277 乙 刚刚	（副）	1302 乙 告	（动）
1278 乙 钢	（名）	1303 乙 告别	（动）
1279 甲 钢笔	（名）	1304 丙 告辞	（动）
1280 丙 缸	（名）	1305 甲 告诉	（动）
1281 丙 纲领	（名）	1306 甲 哥哥	（名）
1282 丙 岗位	（名）	1307 甲 歌	（名）
1283 乙 港	（名）	1308 丙 歌唱	（动）
1284 丙 港币	（名）	1309 丙 歌剧	（名）
1285 丙 港口	（名）	1310 丙 歌曲	（名）
1286 甲 高	（形）	1311 丙 歌颂	（动）
1287 丙 高潮	（名）	1312 乙 搁	（动）
1288 乙 高大	（形）	1313 丙 鸽子	（名）
1289 丙 高等	（形）	1314 乙 胳膊(胳臂)	（名）

1315 乙 割	（动）	1340 甲 跟	（介、连）
1316 乙 革命	（动、名）	1341 乙 跟前	（名）
1317 丙 革新	（动、名）	1342 丙 耕地	（名）
1318 丙 格外	（副）	1343 甲 更	（副）
1319 乙 隔	（动）	1344 乙 更加	（副）
1320 乙 隔壁	（名）	1345 甲 工厂	（名）
1321 丙 隔阂	（名）	1346 乙 工程	（名）
1322 甲 个	（量）	1347 乙 工程师	（名）
1323 乙 个别	（形）	1348 丙 工地	（名）
1324 丙 个儿	（名）	1349 乙 工夫	（名）
1325 乙 个人	（名）	1350 乙 工会	（名）
1326 乙 个体	（名）	1351 乙 工具	（名）
1327 丙 个体户	（名）	1352 丙 工龄	（名）
1328 丙 个性	（名）	1353 丙 工钱	（名）
1329 乙 个子	（名）	1354 甲 工人	（名）
1330 甲 各	（代）	1355 丙 工序	（名）
1331 丙 各式各样		1356 甲 工业	（名）
1332 甲 各种	（代）	1357 乙 工艺品	（名）
1333 丙 各自	（代）	1358 乙 工资	（名）
1334 甲 给	（介、动）	1359 甲 工作	（动、名）
1335 丙 给以	（动）	1360 丙 攻	（动）
1336 甲 根	（量、名）	1361 丙 攻击	（动、名）
1337 乙 根本	（名、形）	1362 丙 攻克	（动）
1338 乙 根据	（动、名）	1363 乙 功夫	（名）
1339 丙 根源	（名）	1364 丙 功课	（名）

1365 丙 功劳	（名）	1390 丙 弓	（名、动）
1366 丙 功能	（名）	1391 乙 巩固	（形、动）
1367 乙 供	（动）	1392 乙 贡献	（动、名）
1368 乙 供给	（动）	1393 乙 共	（副）
1369 丙 供应	（动）	1394 乙 共产党	（名）
1370 丙 公	（名、形）	1395 丙 共和国	
1371 丙 公安	（名）	1396 丙 共青团	（名）
1372 丙 公布	（动）	1397 乙 共同	（形）
1373 乙 公费	（形）	1398 丙 共有	（动）
1374 乙 公共	（形）	1399 丙 钩子	（名）
1375 甲 公共汽车	（名）	1400 丙 勾结	（动）
1376 甲 公斤	（量）	1401 丙 沟	（名）
1377 乙 公开	（形、动）	1402 乙 狗	（名）
1378 甲 公里	（量）	1403 乙 构成	（动）
1379 乙 公路	（名）	1404 乙 构造	（名）
1380 丙 公民	（名）	1405 丙 购	（动）
1381 丙 公顷	（量）	1406 丙 购买	（动）
1382 丙 公式	（名）	1407 甲 够	（形、动）
1383 乙 公司	（名）	1408 丙 辜负	（动）
1384 丙 公用	（动）	1409 乙 估计	（动、名）
1385 乙 公用电话	（名）	1410 丙 孤立	（动、形）
1386 乙 公元	（名）	1411 乙 姑姑	（名）
1387 甲 公园	（名）	1412 甲 姑娘	（名）
1388 丙 宫	（名）	1413 乙 骨头	（名）
1389 丙 宫殿	（名）	1414 乙 鼓	（名）

1415	丙	鼓动	(动)	1440	丙	寡妇	(名)
1416	乙	鼓励	(动、名)	1441	甲	挂	(动)
1417	乙	鼓舞	(动、名)	1442	乙	挂号	
1418	乙	鼓掌		1443	丙	乖	(形)
1419	乙	古	(形)	1444	乙	拐	(动)
1420	乙	古代	(名)	1445	丙	拐弯儿	
1421	丙	古典	(形)	1446	乙	怪	(形)
1422	乙	古迹	(名)	1447	丙	怪	(动)
1423	乙	古老	(形)	1448	丙	怪	(副)
1424	丙	骨干	(名)	1449	丙	怪不得	
1425	丙	谷子	(名)	1450	甲	关	(动)
1426	丙	股	(量)	1451	丙	关	(名)
1427	甲	故事	(名)	1452	丙	关怀	(动)
1428	乙	故乡	(名)	1453	乙	关键	(名)
1429	乙	故意	(形)	1454	丙	关头	(名)
1430	乙	顾	(动)	1455	甲	关系	(名、动)
1421	乙	顾客	(名)	1456	甲	关心	(动)
1432	丙	顾问	(名)	1457	乙	关于	(介)
1433	丙	固定	(动、形)	1458	乙	关照	(动)
1434	丙	固然	(连)	1459	乙	官	(名)
1435	丙	固体	(名)	1460	丙	官僚主义	(名)
1436	丙	雇	(动)	1461	丙	观测	(动)
1437	甲	刮	(动)	1462	乙	观察	(动)
1438	丙	瓜	(名)	1463	乙	观点	(名)
1439	丙	瓜子	(名)	1464	丙	观看	(动)

1465	丙	观念	（名）	1490	丙	广	（形）
1466	乙	观众	（名）	1491	甲	广播	（动、名）
1467	乙	管	（动）	1492	乙	广场	（名）
1468	丙	管子	（名）	1493	乙	广大	（形）
1469	丙	管道	（名）	1494	乙	广泛	（形）
1470	乙	管理	（动）	1495	乙	广告	（名）
1471	甲	馆	（名）	1496	乙	广阔	（形）
1472	乙	冠军	（名）	1497	乙	逛	（动）
1473	丙	罐	（名）	1498	乙	规定	（动、名）
1474	乙	罐头	（名）	1499	丙	规划	（名、动）
1475	丙	惯	（形、动）	1500	丙	规矩	（名、形）
1476	丙	灌	（动）	1501	乙	规律	（名）
1477	丙	灌溉	（动）	1502	乙	规模	（名）
1478	乙	贯彻	（动）	1503	丙	规则	（名、形）
1479	乙	光	（名）	1504	丙	归	（动）
1480	丙	光	（动）	1506	乙	鬼	（名）
1481	乙	光	（形）	1507	丙	柜台	（名）
1482	乙	光	（副）	1508	丙	柜子	（名）
1483	丙	光彩	（名、形）	1509	乙	跪	（动）
1484	丙	光滑	（形）	1510	甲	贵	（形）
1485	乙	光辉	（名、形）	1511	丙	贵宾	
1486	丙	光临	（动）	1512	甲	贵姓	
1487	乙	光明	（形）	1513	乙	滚	（动）
1488	乙	光荣	（形）	1514	丙	棍子	（名）
1489	乙	光线	（名）	1515	乙	锅	（名）

1516 丙 锅炉	(名)	
1517 甲 国	(名)	
1518 丙 国防	(名)	
1519 丙 国籍	(名)	
1520 乙 国际	(名)	
1521 甲 国家	(名)	
1522 乙 国民党	(名)	
1523 丙 国旗	(名)	
1524 丙 国庆节	(名)	
1525 乙 国王	(名)	
1526 丙 国务院	(名)	
1527 丙 国营	(名)	
1528 乙 果然	(副)	
1529 丙 果实	(名)	
1530 丙 果树	(名)	
1531 丙 裹	(动)	
1532 甲 过	(动)	
1533 丙 过	(副)	
1534 甲 过	(助)	
1535 乙 过程	(名)	
1536 丙 过渡	(动)	
1537 丙 过分	(形)	
1538 甲 过来		
1539 乙 过年		
1540 甲 过去	(名)	

1541 甲 过去

H

1542 甲 哈哈	(象声)	
1543 丙 咳	(叹)	
1544 甲 还	(副)	
1545 甲 还是	(副、连)	
1546 甲 孩子	(名)	
1547 甲 海	(名)	
1548 丙 海拔	(名)	
1549 乙 海关	(名)	
1550 丙 海军	(名)	
1551 丙 海面	(名)	
1552 丙 海峡	(名)	
1553 乙 海洋	(名)	
1554 乙 害	(名、动)	
1555 丙 害虫	(名)	
1556 乙 害处	(名)	
1557 乙 害怕	(动)	
1558 乙 含	(动)	
1559 丙 含糊	(形)	
1560 丙 含量	(名)	
1561 甲 寒假	(名)	
1562 乙 寒冷	(形)	

1563	甲	喊	（动）	1588	乙	好容易	（副）
1564	丙	喊叫	（动）	1589	乙	好听	（形）
1565	丙	旱	（形）	1590	乙	好玩儿	（形）
1566	丙	焊	（动）	1591	甲	好像	（动）
1567	乙	汗	（名）	1592	乙	好些	（形）
1568	甲	汉语	（名）	1593	丙	耗	（动）
1569	甲	汉字	（名）	1594	甲	号	（名、量）
1570	乙	行	（量）	1595	乙	号码	（名）
1571	丙	行	（名）	1596	乙	号召	（动、名）
1572	丙	行列	（名）	1597	乙	好	（动）
1573	丙	行业	（名）	1598	丙	好奇	（形）
1574	乙	航空	（名）	1599	丙	呵	（叹）
1575	丙	航行	（动）	1600	甲	喝	（动）
1576	乙	毫不		1601	丙	核	（名）
1577	丙	毫米	（量）	1602	甲	和	（介、连）
1578	乙	毫无		1603	乙	和平	（名）
1579	甲	好	（形）	1604	丙	何必	（副）
1580	甲	好	（副）	1605	丙	何况	（连）
1581	丙	好	（连）	1606	乙	合	（动）
1582	丙	好比	（动）	1607	丙	合唱	（动、名）
1583	甲	好吃	（形）	1608	丙	合成	（动）
1584	甲	好处	（名）	1609	丙	合法	（形）
1585	乙	好好儿	（形）	1610	丙	合格	（形）
1586	乙	好久	（名）	1611	丙	合金	（名）
1587	甲	好看	（形）	1612	乙	合理	（形）

1613	甲	合适	（形）	1638	乙	猴子	（名）
1614	丙	合算	（形、动）	1639	丙	吼	（动）
1615	乙	合同	（名）	1640	乙	厚	（形）
1616	乙	合作	（动、名）	1641	甲	后	（名）
1617	乙	盒	（名、量）	1642	甲	后边	（名）
1618	甲	河	（名）	1643	丙	后代	（名）
1619	丙	河流	（名）	1644	丙	后方	（名）
1620	乙	嘿	（叹）	1645	丙	后果	（名）
1621	甲	黑	（形）	1646	乙	后悔	（动）
1622	乙	黑暗	（形）	1647	乙	后来	（名）
1623	甲	黑板	（名）	1648	乙	后面	（名）
1624	丙	黑夜	（名）	1649	乙	后年	（名）
1625	丙	痕迹	（名）	1650	乙	后天	（名）
1626	甲	很	（副）	1651	丙	后头	（名）
1627	丙	狠	（形）	1652	丙	后退	（动）
1628	乙	恨	（动）	1653	乙	呼	（动）
1629	丙	恨不得		1654	丙	呼呼	（象声）
1630	乙	哼	（动、叹）	1655	乙	呼吸	（动）
1631	丙	横	（动、形）	1656	甲	忽然	（副）
1632	丙	宏伟	（形）	1657	丙	忽视	（动）
1633	丙	洪水	（名）	1658	乙	壶	（名）
1634	甲	红	（形）	1659	乙	胡乱	（副）
1635	乙	红茶	（名）	1660	丙	胡说	（动）
1636	乙	红旗	（名）	1661	丙	胡同	（名）
1637	丙	喉咙	（名）	1662	乙	胡子	（名）

1663 丙 蝴蝶	（名）	
1664 乙 糊涂	（形）	
1665 甲 湖	（名）	
1666 丙 护	（动）	
1667 乙 护士	（名）	
1668 乙 护照	（名）	
1669 甲 互相	（副）	
1670 丙 互助	（动）	
1671 乙 户	（名）	
1672 甲 花	（名、形）	
1673 甲 花	（动）	
1674 丙 花朵	（名）	
1675 丙 花生	（名）	
1676 乙 花园	（名）	
1677 丙 哗哗	（象声）	
1678 乙 划	（动）	
1679 丙 华侨	（名）	
1680 丙 华人	（名）	
1681 乙 滑	（形）	
1682 乙 滑冰		
1683 丙 滑雪		
1684 甲 画	（动）	
1685 甲 画	（名）	
1686 乙 画报	（名）	
1687 丙 画家	（名）	

1688 丙 画蛇添足

1689 乙 划	（动）	
1690 乙 化	（动、尾）	
〔标准化〕		
1691 丙 化工	（名）	
1692 丙 化合	（动）	
1693 丙 化石	（名）	
1694 甲 化学	（名）	
1695 丙 化验	（动）	
1696 甲 话	（名）	
1697 丙 话剧	（名）	
1698 丙 怀	（动、名）	
1699 丙 怀念	（动）	
1700 丙 怀疑	（动）	
1701 甲 坏	（形）	
1702 乙 坏处	（名）	
1703 丙 坏蛋	（名）	
1704 丙 欢呼	（动）	
1705 丙 欢乐	（形）	
1706 乙 欢送	（动）	
1707 丙 欢喜	（形）	
1708 甲 欢迎	（动）	
1709 乙 环	（名）	
1710 乙 环境	（名）	
1711 甲 还	（动）	

101

1712	丙	缓和	（动、形）	1737	甲	回	（动）
1713	丙	缓缓	（形）	1738	甲	回	（量）
1714	丙	缓慢	（形）	1739	甲	回答	（动、名）
1715	甲	换	（动）	1740	甲	回来	
1716	丙	患	（动）	1741	甲	回去	
1717	丙	幻灯	（名）	1742	乙	回头	（副）
1718	丙	幻想	（动、名）	1742	丙	回想	（动）
1719	丙	唤	（动）	1744	乙	回信	
1720	丙	荒	（形）	1745	乙	回忆	（动、名）
1721	乙	慌	（形、动）	1746	丙	毁	（动）
1722	丙	慌忙	（形）	1747	甲	会	（助动、动）
1723	甲	黄	（形）	1748	甲	会	（名）
1724	乙	黄瓜	（名）	1749	乙	会场	（名）
1725	丙	黄昏	（名）	1750	甲	会话	（动、名）
1726	丙	黄色	（名）	1751	乙	会见	（动、名）
1727	乙	黄油	（名）	1752	乙	会客	
1728	乙	皇帝	（名）	1753	乙	会谈	（动、名）
1729	丙	晃	（动）	1754	乙	会议	（名）
1730	乙	灰	（形）	1755	丙	汇	（动）
1731	丙	灰	（名）	1756	丙	汇报	（动、名）
1732	丙	灰尘	（名）	1757	丙	汇款	
1733	丙	灰心		1758	丙	昏	（动、形）
1734	乙	挥	（动）	1759	乙	昏迷	（动）
1735	丙	辉煌	（形）	1760	乙	婚姻	（名）
1736	乙	恢复	（动）	1761	丙	浑身	（名）

1762 乙 混	（动）	1787 丙 或多或少	
1763 丙 混合	（动）	1788 甲 或者	（连）
1764 丙 混乱	（形）	1789 乙 货	（名）
1765 丙 混凝土	（名）	1790 丙 货币	（名）
1766 丙 混淆	（动）	1791 丙 货物	（名）
1767 甲 活	（动）		
1768 丙 活	（形）	**J**	
1769 甲 活	（名）		
1770 甲 活动	（动、名）	1792 乙 几乎	（副）
1771 丙 活该	（动）	1793 甲 基本	（形）
1772 乙 活泼	（形）	1794 丙 基层	（名）
1773 乙 活跃	（动、形）	1795 甲 基础	（名）
1774 丙 伙	（量）	1796 丙 基地	（名）
1775 丙 伙伴	（名）	1797 丙 机	（名）
1776 乙 伙食	（名）	1798 甲 机场	（名）
1777 乙 火	（名、动）	1799 乙 机床	（名）
1778 乙 火柴	（名）	1800 丙 机动	（形）
1779 甲 火车	（名）	1801 丙 机构	（名）
1780 丙 火箭	（名）	1802 乙 机关	（名）
1781 丙 火力	（名）	1803 甲 机会	（名）
1782 丙 火焰	（名）	1804 甲 机器	（名）
1783 丙 火药	（名）	1805 乙 机械	（名）
1784 丙 获	（动）	1806 乙 积极	（形）
1785 乙 获得	（动）	1807 乙 积极性	（名）
1786 乙 或	（连）	1808 乙 积累	（动）

1809	丙	肌肉	（名）	1834	丙	即使	（连）
1810	丙	饥饿	（形）	1835	乙	级	（名）
1811	乙	激动	（形、动）	1836	丙	级别	（名）
1812	乙	激烈	（形）	1837	丙	给予	（动）
1813	丙	激素	（名）	1838	甲	挤	（动、形）
1814	甲	鸡	（名）	1839	甲	几	（代）
1815	甲	鸡蛋	（名）	1840	丙	技能	（名）
1816	乙	极	（副）	1841	丙	技巧	（名）
1817	丙	极端	（名）	1842	甲	技术	（名）
1818	甲	…极了		1843	乙	技术员	（名）
1819	乙	极其	（副）	1844	丙	季	（名）
1820	乙	集	（名）	1845	乙	季节	（名）
1821	甲	集合	（动）	1846	甲	寄	（动）
1822	乙	集体	（名）	1847	丙	寂寞	（形）
1823	丙	集团	（名）	1848	丙	计	（名、动）
1824	乙	集中	（动、形）	1849	甲	计划	（名、动）
1825	乙	及	（连）	1850	乙	计算	（动）
1826	乙	及格	（动、名）	1851	丙	计算机	（名）
1827	乙	及时	（形）	1852	甲	记	（动）
1828	甲	急	（形）	1853	乙	记得	（动）
1829	乙	急忙	（形）	1854	乙	记录	（动、名）
1830	丙	急躁	（形）	1855	乙	记忆	（动、名）
1831	丙	疾病	（名）	1856	丙	记载	（动）
1832	乙	即	（动）	1857	乙	记者	（名）
1833	丙	即将	（副）	1858	乙	既	（连）

1859 乙	既…也…	1883 丙 甲	（名）
1860 乙	既…又…	1884 乙 假	（形）
1861 乙	既然	（连）	1885 丙 假如	（连）
1862 丙	继承	（动）	1886 丙 假若	（连）
1863 甲	继续	（动）	1887 丙 假使	（连）
1864 乙	纪律	（名）	1888 丙 价	（名）
1865 乙	纪念	（动、名）	1889 乙 价格	（名）
1866 乙	夹	（动）	1890 丙 价钱	（名）
1867 丙	夹子	（名）	1891 乙 价值	（名）
1868 丙	佳	（形）	1892 丙 架	（动）
1869 甲	家	（名、量、尾）	1893 乙 架	（量）
	［文学家］		1894 丙 架子	（名）
1870 丙	家伙	（名）	1895 丙 驾驶	（动）
1871 乙	家具	（名）	1896 丙 假	（名）
1872 丙	家属	（名）	1897 丙 假期	（名）
1873 甲	家庭	（名）	1898 乙 假条	（名）
1874 乙	家乡	（名）	1899 丙 嫁	（动）
1875 甲	加	（动）	1900 丙 歼灭	（动）
1876 乙	加工		1901 丙 监督	（动）
1877 丙	加紧	（动）	1902 丙 监视	（动）
1878 乙	加强	（动）	1903 丙 监狱	（名）
1879 丙	加入	（动）	1904 甲 坚持	（动）
1880 丙	加速	（动）	1905 乙 坚定	（形、动）
1881 乙	加以	（动、连）	1906 丙 坚固	（形）
1882 丙	加油		1907 乙 坚决	（形）

1908 乙 坚强	（形）	1933 丙 鉴定	（动、名）
1909 丙 坚硬	（形）	1934 丙 贱	（形）
1910 乙 尖	（形）	1935 甲 见	（动）
1911 乙 尖锐	（形）	1936 丙 见解	（名）
1912 丙 尖子	（名）	1937 甲 见面	
1913 甲 间	（量）	1938 乙 箭	（名）
1914 丙 煎	（动）	1939 甲 件	（量）
1915 丙 兼	（动）	1940 甲 健康	（名、形）
1916 乙 肩	（名）	1941 丙 健全	（形、动）
1917 乙 艰巨	（形）	1942 丙 渐	（副）
1918 乙 艰苦	（形）	1943 乙 渐渐	（副）
1919 丙 艰难	（形）	1944 丙 溅	（动）
1920 甲 检查	（动、名）	1945 乙 建	（动）
1921 丙 检讨	（动、名）	1946 乙 建立	（动）
1922 丙 检验	（动）	1947 甲 建设	（动、名）
1923 丙 碱	（名）	1948 乙 建议	（动、名）
1924 乙 拣	（动）	1949 丙 建造	（动）
1925 乙 捡	（动）	1950 乙 建筑	（名、动）
1926 丙 简便	（形）	1951 丙 僵	（形）
1927 甲 简单	（形）	1952 乙 将	（介）
1928 丙 简直	（副）	1953 乙 将	（副）
1929 乙 剪	（动）	1954 丙 将军	（名）
1930 乙 减	（动）	1955 甲 将来	（名）
1931 乙 减轻	（动）	1956 乙 将要	（副）
1932 乙 减少	（动）	1957 甲 江	（名）

1958 乙 奖	(名、动)	1983 甲 教	(动)
1959 丙 奖金	(名)	1984 丙 浇	(动)
1960 丙 奖励	(动、名)	1985 乙 骄傲	(形)
1961 乙 奖学金	(名)	1986 丙 搅	(动)
1962 甲 讲	(动)	1987 甲 脚	(名)
1963 乙 讲话		1988 丙 脚步	(名)
1964 丙 讲究	(动、形)	1989 丙 狡猾	(形)
1965 丙 讲课		1990 乙 角	(名)
1966 丙 讲义	(名)	1991 甲 角	(量)
1967 乙 讲座	(名)	1992 丙 角度	(名)
1968 丙 酱	(名)	1993 丙 角落	(名)
1969 乙 酱油	(名)	1994 甲 饺子	(名)
1970 乙 降	(动)	1995 乙 教材	(名)
1971 乙 降低	(动)	1996 丙 教导	(动、名)
1972 丙 焦急	(形)	1997 丙 教练	(名)
1973 丙 胶卷	(名)	1998 乙 教师	(名)
1974 甲 交	(动)	1999 甲 教室	(名)
1975 丙 交代	(动)	2000 乙 教授	(名)
1976 乙 交换	(动)	2001 丙 教堂	(名)
1977 乙 交际	(名、动)	2002 乙 教学	(名)
1978 乙 交流	(动、名)	2003 乙 教训	(动、名)
1979 丙 交谈	(动)	2004 丙 教研室	(名)
1980 乙 交通	(名)	2005 甲 教育	(动、名)
1981 丙 交易	(名)	2006 乙 教员	(名)
1982 乙 郊区	(名)	2007 乙 较	(介、副)

2008 甲 叫	(动)	2033 甲 节目	(名)
2009 甲 叫	(介)	2034 甲 节日	(名)
2010 乙 叫做		2035 乙 节省	(动)
2011 丙 觉	(名)	2036 乙 节约	(动)
2012 丙 揭	(动)	2037 丙 竭力	(副)
2013 丙 揭露	(动)	2038 丙 洁白	(形)
2014 甲 接	(动)	2039 丙 结	(动)
2015 乙 接触	(动)	2040 乙 结构	(名)
2016 乙 接待	(动)	2041 丙 结果	(名)
2017 乙 接到	(动)	2042 甲 结果	(连)
2018 乙 接见	(动)	2043 乙 结合	(动)
2019 乙 接近	(动)	2044 乙 结婚	
2020 丙 接连	(副)	2045 乙 结论	(名)
2021 乙 接受	(动)	2046 甲 结束	(动)
2022 甲 接着	(副、连)	2047 乙 解	(动)
2023 甲 街	(名)	2048 乙 解答	(动)
2024 乙 街道	(名)	2049 乙 解放	(动、名)
2025 丙 阶层	(名)	2050 丙 解放军	(名)
2026 乙 阶段	(名)	2051 甲 解决	(动)
2027 乙 阶级	(名)	2052 丙 解剖	(动)
2028 丙 结	(动、名)	2053 乙 解释	(动、名)
2029 乙 结实	(形)	2054 甲 姐姐	(名)
2030 丙 截	(动)	2055 丙 界线	(名)
2031 丙 节	(动)	2056 甲 借	(动)
2032 甲 节	(名、量)	2057 丙 借口	(动、名)

108

2058	甲	介绍	（动）	2083	乙	进口	
2059	乙	届	（量）	2084	甲	进来	（动）
2060	甲	斤	（量）	2085	甲	进去	
2061	乙	金	（名）	2086	乙	进入	（动）
2062	乙	金属	（名）	2087	甲	进行	（动）
2063	丙	金鱼	（名）	2088	乙	进修	（动）
2064	乙	今后	（名）	2089	乙	进一步	（形）
2065	甲	今年	（名）	2090	乙	禁止	（动）
2066	丙	今日	（名）	2091	甲	近	（形）
2067	甲	今天	（名）	2092	丙	近代	（名）
2068	甲	紧	（形）	2093	乙	近来	（名）
2069	丙	紧急	（形）	2094	丙	浸	（动）
2070	丙	紧密	（形）	2095	乙	尽	（动）
2071	丙	紧俏	（形）	2096	丙	尽力	
2072	甲	紧张	（形）	2097	乙	尽量	（副）
2073	乙	仅	（副）	2098	乙	劲	（名）
2074	乙	仅仅	（副）	2099	乙	京剧(京戏)	（名）
2075	乙	尽	（动）	2100	丙	惊	（动）
2076	乙	尽管	（副、连）	2101	丙	惊动	（动）
2077	丙	谨慎	（形）	2102	丙	惊奇	（形）
2078	甲	进	（动）	2103	丙	惊人	（形）
2079	乙	进步	（形、动）	2104	丙	惊讶	（形）
2080	乙	进攻	（动）	2105	丙	惊异	（形）
2081	乙	进化	（动）	2106	丙	精	（形）
2082	丙	进军	（动）	2107	甲	精彩	（形）

2108 乙 精力	（名）	2133 丙 敬酒	
2109 甲 精神	（名）	2134 乙 敬礼	
2110 丙 精神	（形）	2135 乙 镜子	（名）
2111 丙 精细	（形）	2136 丙 竟	（副）
2112 丙 精致	（形）	2137 丙 竟然	（副）
2113 丙 鲸鱼	（名）	2138 乙 竞赛	（动）
2114 乙 经	（动）	2139 丙 竞争	（动、名）
2115 甲 经常	（形）	2140 丙 净	（形）
2116 丙 经费	（名）	2141 丙 净	（副）
2117 甲 经过	（动、介）	2142 乙 究竟	（副）
2118 甲 经济	（名）	2143 乙 纠正	（动）
2119 乙 经理	（名）	2144 丙 揪	（动）
2120 乙 经历	（动、名）	2145 甲 久	（形）
2121 甲 经验	（名）	2146 甲 九	（数）
2122 丙 经营	（动）	2147 甲 酒	（名）
2123 乙 井	（名）	2148 丙 酒店	（名）
2124 乙 警察	（名）	2149 乙 救	（动）
2125 丙 警告	（动、名）	2150 甲 旧	（形）
2126 丙 警惕	（动）	2151 丙 舅舅	（名）
2127 丙 景色	（名）	2152 丙 舅母	（名）
2128 丙 景物	（名）	2153 丙 就	（动）
2129 丙 景象	（名）	2154 乙 就	（介）
2130 乙 静	（形）	2155 甲 就	（副、连）
2131 丙 境	（名）	2156 乙 就是	
2132 乙 敬爱	（动）	2157 丙 就是…也…	

2158 丙 就是说		2183 乙 俱乐部	（名）
2159 丙 居民	（名）	2184 甲 句	（量）
2160 丙 居然	（副）	2185 甲 句子	（名）
2161 丙 居住	（动）	2186 丙 剧	（名）
2162 丙 局	（名）	2187 乙 剧场	（名）
2163 丙 局部	（名）	2188 丙 剧烈	（形）
2164 乙 局长	（名）	2189 丙 剧院	（名）
2165 丙 局面	（名）	2190 乙 卷	（动）
2166 甲 橘子(桔子)	（名）	2191 丙 卷	（量）
2167 甲 举	（动）	2192 丙 觉	（动）
2168 丙 举办	（动）	2193 甲 觉得	（动）
2169 乙 举行	（动）	2194 乙 觉悟	（动、名）
2170 丙 聚	（动）	2195 乙 决	（副）
2171 丙 聚集	（动）	2196 甲 决定	（动、名）
2172 丙 聚精会神		2197 丙 决口	
2173 乙 拒绝	（动）	2198 乙 决心	（名、动）
2174 丙 据	（动）	2199 丙 决议	（名）
2175 乙 据说		2200 丙 绝	（形）
2176 乙 巨大	（形）	2201 乙 绝对	（形）
2177 乙 具备	（动）	2202 丙 均	（形）
2178 乙 具体	（形）	2203 丙 均匀	（形）
2179 乙 具有	（动）	2204 乙 军	（名）
2180 丙 距	（介）	2205 丙 军备	（名）
2181 乙 距离	（名）	2206 乙 军队	（名）
2182 乙 距离	（介）	2207 丙 军官	（名）

111

2208	丙	军舰	（名）
2209	丙	军人	（名）
2210	乙	军事	（名）

K

2211	甲	咖啡	（名）
2212	甲	卡车	（名）
2213	甲	开	（动）
2214	丙	开办	（动）
2215	丙	开除	（动）
2216	丙	开动	（动）
2217	丙	开发	（动）
2218	丙	开饭	
2219	乙	开放	（动）
2220	乙	开会	
2221	乙	开课	
2222	丙	开口	
2223	乙	开明	（形）
2224	丙	开幕	
2225	乙	开辟	（动）
2226	丙	开设	（动）
2227	甲	开始	（动、名）
2228	丙	开水	（名）
2229	甲	开玩笑	

2230	甲	开学	
2231	乙	开演	（动）
2232	丙	开夜车	
2233	乙	开展	（动）
2234	丙	刊物	（名）
2235	丙	看	（动）
2236	乙	砍	（动）
2237	甲	看	（动）
2238	甲	看病	
2239	乙	看不起	
2240	乙	看法	（名）
2241	甲	看见	
2242	乙	看来	（连）
2243	乙	看样子	
2244	乙	扛	（动）
2245	丙	抗议	（动、名）
2246	乙	考	（动）
2247	丙	考察	（动、名）
2248	乙	考虑	（动）
2249	甲	考试	（动、名）
2250	丙	考验	（动、名）
2251	乙	烤	（动）
2252	乙	靠	（动、介）
2253	丙	靠近	（动）
2254	甲	棵	（量）

2255	乙	颗	（量）	2280	乙	可以	（形）
2256	乙	科	（名）	2281	甲	渴	（形）
2257	丙	科技	（名）	2282	丙	渴望	（动）
2258	丙	科普	（名）	2283	甲	克	（量）
2259	甲	科学	（名、形）	2284	乙	克服	（动）
2260	乙	科学家	（名）	2285	乙	刻	（动）
2261	乙	科学院	（名）	2286	甲	刻	（量）
2262	乙	科研	（名）	2287	乙	刻苦	（形）
2263	乙	科长	（名）	2288	丙	客	（名）
2264	丙	壳	（名）	2289	丙	客观	（名、形）
2265	甲	咳嗽	（动）	2290	甲	客气	（形、动）
2266	乙	可	（副、连）	2291	乙	客人	（名）
2267	乙	可爱	（形）	2292	丙	客厅	（名）
2268	丙	可不是		2293	甲	课	（名）
2269	丙	可见	（连）	2294	甲	课本	（名）
2270	乙	可靠	（形）	2295	乙	课程	（名）
2271	乙	可怜	（形、动）	2296	丙	课堂	（名）
2272	甲	可能	（助动、名）	2297	甲	课文	（名）
2273	乙	可怕	（形）	2298	乙	肯	（助动）
2274	丙	可巧	（副）	2299	乙	肯定	（动、形）
2275	甲	可是	（连）	2300	丙	坑	（名）
2276	丙	可惜	（形）	2301	乙	空	（形）
2277	丙	可笑	（形）	2302	乙	空间	（名）
2278	丙	可行	（动）	2303	丙	空军	（名）
2279	甲	可以	（助动）	2304	甲	空气	（名）

2305	乙	空前	（形）
2306	乙	空中	（名）
2307	丙	恐怖	（形）
2308	乙	恐怕	（副）
2309	乙	孔	（名）
2310	丙	空	（动、形）
2311	乙	空儿	（名）
2312	乙	控制	（动）
2313	甲	口	（名、量）
2314	乙	口袋	（名）
2315	乙	口号	（名）
2316	丙	口气	（名）
2317	丙	口试	（名）
2318	丙	口头	（形）
2319	甲	口语	（名）
2320	乙	扣	（动）
2321	丙	枯	（形）
2322	甲	哭	（动）
2323	丙	窟窿	（名）
2324	甲	苦	（形）
2325	乙	裤子	（名）
2326	丙	夸	（动）
2327	丙	垮	（动）
2328	乙	跨	（动）
2329	甲	块	（名、量）
2330	乙	筷子	（名）
2331	甲	快	（形）
2332	丙	快餐	（名）
2333	丙	快活	（形）
2334	乙	快乐	（形）
2335	乙	宽	（形）
2336	丙	宽阔	（形）
2337	乙	款	（名）
2338	丙	款待	（动）
2339	丙	筐	（名）
2340	丙	狂	（形）
2341	丙	狂风	（名）
2342	乙	矿	（名）
2343	丙	矿石	（名）
2344	丙	况且	（连）
2345	丙	昆虫	（名）
2346	乙	捆	（动）
2347	乙	困	（动、形）
2348	甲	困难	（名、形）
2349	乙	扩大	（动）
2350	丙	阔	（形）

L

2351	乙	垃圾	（名）
2352	甲	拉	（动）

2353 丙 喇叭	（名）	2378 丙 朗诵	（动）
2354 丙 蜡烛	（名）	2379 乙 浪	（名）
2355 丙 辣	（形）	2380 乙 浪费	（动）
2356 丙 辣椒	（名）	2381 乙 捞	（动）
2357 甲 啦	（助）	2382 甲 劳动	（动）
2358 甲 来	（动）	2383 甲 劳驾	
2359 乙 来	（数）	2384 丙 牢	（形）
2360 乙 来	（助）	2385 丙 牢固	（形）
2361 丙 来宾	（名）	2386 丙 牢骚	（名）
2362 丙 来客	（名）	2387 甲 老	（形、头）
2363 乙 来不及		[老二]	
2364 乙 来得及		2388 乙 老百姓	（名）
2365 丙 来回	（副）	2389 乙 老板	（名）
2366 丙 来往	（动、名）	2390 乙 老大妈（大妈）（名）	
2367 乙 来信	（名）	2391 乙 老大娘（大娘）（名）	
2368 丙 来源	（名）	2392 乙 老大爷（大爷）（名）	
2369 乙 来自	（动）	2393 乙 老虎	（名）
2370 甲 蓝	（形）	2394 丙 老年	（名）
2371 乙 拦	（动）	2395 丙 老婆	（名）
2372 甲 篮球	（名）	2396 乙 老人	（名）
2373 丙 篮子	（名）	2397 丙 老人家	（名）
2374 乙 懒	（形）	2398 甲 老师	（名）
2375 乙 烂	（动、形）	2399 乙 老（是）	（副）
2376 乙 狼	（名）	2400 乙 老实	（形）
2377 乙 朗读	（动）	2401 乙 老太太	（名）

2402	乙	老头儿	（名）	2427	乙	理解	（动、名）
2403	丙	老乡	（名）	2428	乙	理论	（名）
2404	丙	姥姥	（名）	2429	乙	理想	（名）
2405	丙	乐	（动）	2430	乙	理由	（名）
2406	乙	乐观	（形）	2431	甲	里	（名）
2407	甲	了	（助）	2432	甲	里	（量）
2408	乙	雷	（名）	2433	甲	里边	（名）
2409	甲	累	（形）	2434	乙	里面	（名）
2410	乙	类	（名、量）	2435	丙	里头	（名）
2411	丙	类似	（形）	2436	丙	礼	（名）
2412	丙	类型	（名）	2437	丙	礼拜	（名）
2413	甲	冷	（形）	2438	乙	礼拜天(礼拜日)	（名）
2414	丙	冷静	（形）	2439	乙	礼貌	（名）
2415	丙	冷却	（动）	2440	乙	礼堂	（名）
2416	丙	冷饮	（名）	2441	甲	礼物	（名）
2417	丙	愣	（动、形）	2442	乙	厉害	（形）
2418	乙	厘米	（量）	2443	丙	历年	（名）
2419	乙	梨	（名）	2444	甲	历史	（名）
2420	丙	黎明	（名）	2445	丙	利	（名）
2421	甲	离	（动、介）	2446	乙	利害(厉害)	（形）
2422	乙	离婚		2447	丙	利润	（名）
2423	甲	离开		2448	乙	利益	（名）
2424	丙	理	（动）	2449	甲	利用	（动）
2425	丙	理	（名）	2450	甲	例如	（动）
2426	乙	理发		2451	乙	例子	（名）

2452	乙	立	（动）	2477	乙	恋爱	（动、名）
2453	乙	立场	（名）	2478	丙	炼	（动）
2454	乙	立方	（名）	2479	乙	练	（动）
2455	乙	立即	（副）	2480	甲	练习	（动、名）
2456	甲	立刻	（副）	2481	乙	粮食	（名）
2457	乙	粒	（量）	2482	乙	凉	（形）
2458	乙	力	（名）	2483	甲	凉快	（形）
2459	乙	力量	（名）	2484	丙	凉水	（名）
2460	乙	力气	（名）	2485	乙	量	（动）
2461	丙	力求	（动）	2486	乙	良好	（形）
2462	丙	力争	（动）	2487	乙	两	（量）
2463	乙	哩	（助）	2488	甲	两	（数）
2464	甲	俩	（数）	2489	丙	两旁	（名）
2465	乙	联合	（动）	2490	甲	辆	（量）
2466	乙	联欢	（动）	2491	丙	量	（名）
2467	丙	联络	（动）	2492	甲	亮	（形、动）
2468	丙	联盟	（名）	2493	丙	谅解	（形）
2469	甲	联系	（动、名）	2494	乙	聊	（动）
2470	乙	连	（动、副）	2495	乙	聊天儿	
2471	甲	连…都(也)…		2496	甲	了	（动）
2472	丙	连接	（动）	2497	乙	了不起	
2473	乙	连忙	（副）	2498	甲	了解	（动）
2474	乙	连续	（动）	2499	丙	料	（名）
2475	甲	脸	（名）	2500	乙	列	（量）
2476	丙	脸色	（名）	2501	丙	列车	（名）

2502 丙	裂	(动)	2527 丙	留学	
2503 丙	烈士	(名)	2528 甲	留学生	(名)
2504 丙	猎人	(名)	2529 甲	流	(动、名)
2505 乙	临	(动)	2530 丙	流传	(动)
2506 乙	临时	(形)	2531 丙	流动	(动)
2507 乙	邻居	(名)	2532 乙	流利	(形)
2508 丙	淋	(动)	2533 丙	流氓	(名)
2509 甲	零(○)	(数)	2534 丙	流水	(名)
2510 丙	零件	(名)	2535 丙	流行	(动、形)
2511 乙	零钱	(名)	2536 丙	流域	(名)
2512 乙	铃	(名)	2537 丙	柳树	(名)
2513 丙	灵魂	(名)	2538 甲	六	(数)
2514 乙	灵活	(形)	2539 乙	龙	(名)
2515 乙	领	(动)	2540 丙	笼子	(名)
2516 甲	领导	(动、名)	2541 丙	拢	(动)
2517 丙	领会	(动)	2542 丙	垄断	(动)
2518 丙	领土	(名)	2543 丙	笼罩	(动)
2519 乙	领袖	(名)	2544 甲	楼	(名)
2520 丙	领域	(名)	2545 丙	楼道	(名)
2521 乙	另	(形)	2546 丙	楼房	(名)
2522 乙	另外	(形)	2547 乙	楼梯	(名)
2523 丙	令	(动)	2548 丙	搂	(动)
2524 丙	溜	(动)	2549 乙	漏	(动)
2525 甲	留	(动)	2550 丙	喽	(助)
2526 甲	留念		2551 乙	露	(动)

2552	丙	露面	（动）	2577	丙	掠夺	（动）

2552 丙 露面 （动）　2577 丙 掠夺 （动）
2553 丙 炉子 （名）　2578 乙 略 （动）
2554 甲 路 （名）　2579 乙 轮船 （名）
2555 丙 路过 （动）　2580 丙 轮廓 （名）
2556 丙 路口 （名）　2581 丙 轮流 （动）
2557 乙 路上 （名）　2582 丙 轮子 （名）
2558 乙 路线 （名）　2583 丙 论 （动、名）
2559 丙 露 （动）　2584 乙 论文 （名）
2560 乙 录 （动）　2585 乙 萝卜 （名）
2561 乙 录像 　2586 丙 逻辑 （名）
2562 甲 录音 　2587 丙 锣 （名）
2563 乙 录音机 　2588 乙 落 （动）
2564 丙 陆地 （名）　2589 乙 落后 （形）
2565 丙 陆军 （名）　2590 丙 骆驼 （名）
2566 乙 陆续 （副）
2567 丙 驴 （名）
2568 丙 铝 （名）
　　　　　　　　　　M
2569 乙 旅馆 （名）
2570 乙 旅客 （名）　2591 甲 妈妈 （名）
2571 乙 旅途 （名）　2592 甲 麻烦 （动、形）
2572 甲 旅行 （动）　2593 乙 码头 （名）
2573 丙 旅游 （动）　2594 甲 马 （名）
2574 甲 绿 （形）　2595 乙 马虎 （形）
2575 丙 卵 （名）　2596 乙 马克 （名）
2576 甲 乱 （形）　2597 丙 马克思主义（名）
　　　　　　　　　2598 乙 马路 （名）

2599	甲	马上	（副）	2624	丙	毛线	（名）
2600	乙	骂	（动）	2625	乙	毛衣	（名）
2601	甲	嘛	（助）	2626	丙	毛泽东思想	（名）
2602	甲	吗	（助）	2627	乙	矛盾	（名）
2603	乙	埋	（动）	2628	丙	茅台酒	（名）
2604	甲	买	（动）	2629	乙	冒	（动）
2605	乙	买卖	（名）	2630	甲	帽子	（名）
2606	甲	卖	（动）	2631	乙	贸易	（名）
2607	乙	迈	（动）	2632	丙	梅花	（名）
2608	丙	瞒	（动）	2633	乙	煤	（名）
2609	乙	馒头	（名）	2634	乙	煤气	（名）
2610	甲	满	（形）	2635	甲	没	（副、动）
2611	丙	满腔	（名）	2636	乙	没错	
2612	甲	满意	（形）	2637	甲	没关系	
2613	乙	满足	（动）	2638	乙	没什么	
2614	甲	慢	（形）	2639	乙	没事儿	
2615	丙	漫长	（形）	2640	丙	没说的	
2616	丙	盲目	（形）	2641	甲	没意思	
2617	甲	忙	（形）	2642	乙	没用	
2618	乙	猫	（名）	2643	甲	没有	（副）
2619	乙	毛	（名）	2644	丙	眉毛	（名）
2620	甲	毛	（量）	2645	丙	眉头	（名）
2621	丙	毛笔	（名）	2646	甲	每	（代）
2622	乙	毛病	（名）	2647	乙	每	（副）
2623	乙	毛巾	（名）	2648	乙	美	（形）

2649	丙	美观	(形)	2674	甲	米饭	(名)
2650	乙	美好	(形)	2675	乙	秘密	(名)
2651	乙	美丽	(形)	2676	丙	秘书	(名)
2652	乙	美术	(名)	2677	丙	蜜	(名)
2653	乙	美元	(名)	2678	乙	蜜蜂	(名)
2654	甲	妹妹	(名)	2679	乙	密	(形)
2655	丙	闷	(形、动)	2680	乙	密切	(形、动)
2656	甲	门	(名、量)	2681	乙	棉花	(名)
2657	甲	门口	(名)	2682	乙	棉衣	(名)
2658	丙	门诊	(名)	2683	丙	免得	(连)
2659	甲	们	(尾)	2684	丙	勉强	(形、动)
2660	丙	闷	(形)	2685	乙	面	(名)
2661	丙	蒙	(动)	2686	乙	面	(量)
2662	丙	猛	(形)	2687	甲	面包	(名)
2663	丙	猛烈	(形)	2688	丙	面对	(动)
2664	丙	猛然	(副)	2689	丙	面粉	(名)
2665	乙	梦	(名)	2690	乙	面积	(名)
2666	丙	梦想	(动、名)	2691	丙	面孔	(名)
2667	丙	眯	(动)	2692	丙	面临	(动)
2668	丙	迷	(动)	2693	乙	面貌	(名)
2669	丙	迷糊	(形)	2694	乙	面前	(名)
2670	丙	迷信	(动、名)	2695	甲	面条	(名)
2671	丙	谜语	(名)	2696	丙	苗	(名)
2672	乙	米	(名)	2697	乙	描写	(动)
2673	甲	米(公尺)	(量)	2698	乙	秒	(量)

2699 乙 庙	（名）	2724 乙 摸	（动）
2700 乙 妙	（形）	2725 丙 模范	（名）
2701 乙 灭	（动）	2726 乙 模仿	（动）
2702 丙 灭亡	（动）	2727 丙 模糊	（形）
2703 丙 民兵	（名）	2728 丙 模型	（名）
2704 丙 民间	（名）	2729 乙 磨	（动）
2705 丙 民用	（名）	2730 丙 摩托车	（名）
2706 乙 民主	（名、形）	2731 丙 抹	（动）
2707 甲 民族	（名）	2732 丙 末	（名）
2708 丙 敏捷	（形）	2733 丙 墨	（名）
2709 丙 明白	（形、动）	2734 乙 墨水儿	（名）
2710 乙 明亮	（形）	2735 丙 陌生	（形）
2711 丙 明明	（副）	2736 乙 某	（代）
2712 甲 明年	（名）	2737 丙 某些	（代）
2713 乙 明确	（形、动）	2738 乙 模样	（名）
2714 甲 明天	（名）	2739 乙 亩	（量）
2715 乙 明显	（形）	2740 乙 母	（名、形）
2716 丙 明信片	（名）	2741 甲 母亲	（名）
2717 丙 鸣	（动）	2742 丙 墓	（名）
2718 乙 名	（名、量）	2743 丙 幕	（名）
2719 乙 名胜	（名）	2744 乙 木	（名）
2720 甲 名字	（名）	2745 丙 木材	（名）
2721 丙 命	（名）	2746 乙 木头	（名）
2722 乙 命令	（名）	2747 乙 目标	（名）
2723 乙 命运	（名）	2748 乙 目的	（名）

2749	丙	目光	（名）
2750	甲	目前	（名）
2751	丙	牧场	（名）
2752	丙	牧民	（名）

N

2753	甲	拿	（动）
2754	丙	拿…来说	
2755	甲	哪	（代）
2756	乙	哪个	（代）
2757	甲	哪里(哪儿)	（代）
2758	乙	哪怕	（连）
2759	乙	哪些	（代）
2760	甲	那	（代）
2761	乙	那边	（代）
2762	甲	那	（连）
2763	甲	那个	（代）
2764	甲	那里(那儿)	（代）
2765	甲	那么	（代）
2766	甲	那么	（连）
2767	甲	那些	（代）
2768	甲	那样	（代）
2769	甲	哪	（助）
2770	甲	呐	（助）

2771	丙	奶	（名）
2772	乙	奶奶	（名）
2773	丙	耐	（动）
2774	丙	耐烦	（形）
2775	乙	耐心	（形、名）
2776	乙	耐用	（形）
2777	甲	南	（名）
2778	甲	南边	（名）
2779	乙	南部	（名）
2780	乙	南方	（名）
2781	乙	南面	（名）
2782	甲	男	（形）
2783	乙	男人	（名）
2784	丙	男子	（名）
2785	甲	难	（形）
2786	乙	难道	（副）
2787	丙	难得	（形）
2788	丙	难怪	（动、连）
2789	乙	难过	（动、形）
2790	乙	难看	（形）
2791	乙	难受	（形）
2792	丙	难题	（名）
2793	丙	难以	
2794	乙	脑袋	（名）
2795	丙	脑筋	（名）

2796	丙	脑力	（名）	2821	甲	年	（名）

2796 丙 脑力 （名）
2797 乙 脑子 （名）
2798 乙 闹 （动）
2799 丙 闹笑话
2800 丙 闹着玩儿
2801 甲 呢 （助）
2802 甲 内 （名）
2803 乙 内部 （名）
2804 丙 内科 （名）
2805 甲 内容 （名）
2806 丙 嫩 （形）
2807 甲 能 （助动）
2808 丙 能 （形）
2809 丙 能 （名）
2810 乙 能干 （形）
2811 丙 能歌善舞
2812 甲 能够 （助动）
2813 乙 能力 （名）
2814 丙 能量 （名）
2815 乙 能源 （名）
2816 甲 嗯 （叹）
2817 乙 泥 （名）
2818 丙 泥土 （名）
2819 甲 你 （代）
2820 甲 你们 （代）

2821 甲 年 （名）
2822 乙 年代 （名）
2823 甲 年级 （名）
2824 甲 年纪 （名）
2825 乙 年龄 （名）
2826 乙 年青 （形）
2827 甲 年轻 （形）
2828 甲 念 （动）
2829 丙 念书
2830 丙 娘 （名）
2831 乙 鸟 （名）
2832 丙 捏 （动）
2833 甲 您 （代）
2834 丙 拧 （动）
2835 丙 宁可 （连）
2836 甲 牛 （名）
2837 甲 牛奶 （名）
2838 乙 扭 （动）
2839 丙 扭转 （动）
2840 乙 浓 （形）
2841 丙 农场 （名）
2842 甲 农村 （名）
2843 丙 农具 （名）
2844 丙 农贸市场 （名）
2845 甲 农民 （名）

2846 丙 农田 （名）

2847 丙 农药 （名）

2848 甲 农业 （名）

2849 丙 农作物 （名）

2850 乙 弄 （动）

2851 丙 奴隶 （名）

2852 甲 努力 （形）

2853 丙 怒 （形）

2854 甲 女 （形）

2855 甲 女儿 （名）

2856 乙 女人 （名）

2857 乙 女士 （名）

2858 丙 女子 （名）

2859 乙 暖 （形、动）

2860 甲 暖和 （形、动）

2861 乙 暖气 （名）

O

2862 丙 噢 （叹）

2863 丙 哦 （叹）

2864 丙 偶尔 （副）

2865 丙 偶然 （形）

P

2866 丙 趴 （动）

2867 甲 爬 （动）

2868 甲 怕 （动）

2869 乙 怕 （副）

2870 甲 拍 （动）

2871 丙 拍摄 （动）

2872 丙 拍子 （名）

2873 乙 排 （名、量）

2874 乙 排 （动）

2875 丙 排斥 （动）

2876 丙 排列 （动）

2877 甲 排球 （名）

2878 乙 牌 （名）

2879 丙 牌子 （名）

2880 甲 派 （动、名）

2881 丙 攀 （动）

2882 丙 攀登 （动）

2883 丙 盘 （动）

2884 乙 盘 （名、量）

2885 乙 盘子 （名）

2886 丙 盼 （动）

2887 乙 盼望 （动）

2888 乙 判断	(动、名)	2913 丙 膨胀	(动)
2889 丙 畔	(名)	2914 甲 朋友	(名)
2890 乙 旁	(名)	2915 乙 捧	(动)
2891 甲 旁边	(名)	2916 甲 碰	(动)
2892 乙 胖	(形)	2917 丙 碰钉子	
2893 丙 抛	(动)	2918 乙 碰见	
2894 乙 炮	(名)	2919 丙 批	(动)
2895 丙 炮弹	(名)	2920 乙 批	(量)
2896 甲 跑	(动)	2921 乙 批判	(动、名)
2897 甲 跑步		2922 甲 批评	(动、名)
2898 丙 泡	(动、名)	2923 乙 批准	(动)
2899 丙 培养	(动)	2924 乙 披	(动)
2900 丙 培育	(动)	2925 甲 啤酒	(名)
2901 乙 赔	(动)	2926 乙 脾气	(名)
2902 丙 赔偿	(动)	2927 丙 疲倦	(形)
2903 乙 陪	(动)	2928 乙 疲劳	(形)
2904 丙 陪同	(动、名)	2929 乙 皮	(名)
2905 丙 配	(动)	2930 乙 皮肤	(名)
2906 乙 配合	(动)	2931 乙 匹	(量)
2907 丙 佩服	(动)	2932 丙 屁股	(名)
2908 乙 喷	(动)	2933 丙 譬如	(动)
2909 乙 盆	(名)	2934 甲 篇	(量)
2910 丙 盆地	(名)	2935 丙 偏	(形)
2911 丙 蓬勃	(形)	2936 乙 偏	(副)
2912 丙 棚	(名)	2937 丙 偏偏	(副)

2938	甲	便宜	（形、名）	2963	乙	平均	（动、形）

2938 甲 便宜 （形、名） 2963 乙 平均 （动、形）
2939 甲 片 （量） 2964 乙 平时 （名）
2940 乙 片面 （形） 2965 丙 平行 （形）
2941 乙 骗 （动） 2966 乙 平原 （名）
2942 乙 飘 （动） 2967 丙 凭 （动、介）
2943 丙 飘扬 （动） 2968 甲 瓶 （名、量）
2944 甲 漂亮 （形） 2969 乙 瓶子 （名）
2945 甲 票 （名） 2970 丙 评 （动）
2946 丙 拼 （动） 2971 丙 评价 （动、名）
2947 乙 拼命 2972 丙 评论 （动、名）
2948 丙 贫苦 （形） 2973 乙 坡 （名）
2949 丙 贫穷 （形） 2974 丙 泼 （动）
2950 丙 品德 （名） 2975 甲 破 （动、形）
2951 丙 品质 （名） 2976 丙 破产
2952 乙 品种 （名） 2977 乙 破坏 （动）
2953 乙 乒乓球 （名） 2978 丙 破烂 （形、名）
2954 甲 苹果 （名） 2979 丙 迫害 （动）
2955 乙 平 （形） 2980 乙 迫切 （形）
2956 乙 平安 （形） 2981 乙 扑 （动）
2957 乙 平常 （名、形） 2982 乙 铺 （动）
2958 乙 平等 （形、名） 2983 丙 葡萄 （名）
2959 丙 平凡 （名） 2984 乙 朴素 （形）
2960 乙 平方 （名） 2985 乙 普遍 （形）
2961 丙 平衡 （形、动） 2986 丙 普及 （动、形）
2962 乙 平静 （形） 2987 乙 普通 （形）

2988 丙 普通话　　　（名）

Q

2989 乙 期　　　　　（名）
2990 乙 期间　　　　（名）
2991 丙 欺负　　　　（动）
2992 乙 欺骗　　　　（动）
2993 乙 妻子　　　　（名）
2994 甲 七　　　　　（数）
2995 丙 漆　　　　　（名）
2996 丙 其　　　　　（代）
2997 乙 其次　　　　（副）
2998 丙 其实　　　　（副）
2999 乙 其他　　　　（代）
3000 乙 其它　　　　（代）
3001 乙 其余　　　　（代）
3002 乙 其中　　　　（名）
3003 丙 棋　　　　　（名）
3004 乙 奇怪　　　　（形）
3005 丙 奇迹　　　　（名）
3006 乙 齐　　　　（动、形）
3008 丙 旗帜　　　　（名）
3009 乙 旗子　　　　（名）
3010 甲 骑　　　　　（动）

3011 甲 起　　　　　（动）
3012 丙 起初　　　　（名）
3013 甲 起床
3014 丙 起飞　　　　（动）
3015 甲 起来
3016 丙 起义　　　（动、名）
3017 丙 起源　　　（动、名）
3018 乙 企图　　　（动、名）
3019 乙 企业　　　　（名）
3020 乙 启发　　　（动、名）
3021 丙 器材　　　　（名）
3022 丙 器官　　　　（名）
3023 丙 气　　　　　（名）
3024 乙 气　　　　　（动）
3025 丙 气氛　　　　（名）
3026 丙 气愤　　　　（形）
3027 丙 气概　　　　（名）
3028 乙 气候　　　　（名）
3029 丙 气体　　　　（名）
3030 丙 气味　　　　（名）
3031 乙 气温　　　　（名）
3032 乙 气象　　　　（名）
3033 丙 气压　　　　（名）
3034 甲 汽车　　　　（名）
3035 丙 汽船　　　　（名）

3036	甲	汽水	（名）	3061	甲	浅	（形）
3037	乙	汽油	（名）	3062	乙	欠	（动）
3038	丙	恰当	（形）	3063	丙	歉意	（名）
3039	丙	恰好	（副）	3064	乙	枪	（名）
3040	丙	恰恰	（副）	3065	甲	墙	（名）
3041	乙	牵	（动）	3066	丙	墙壁	（名）
3042	丙	铅	（名）	3067	乙	强	（形）
3043	甲	铅笔	（名）	3068	乙	强大	（形）
3044	甲	千	（数）	3069	乙	强盗	（名）
3045	丙	千方百计		3070	乙	强调	（动）
3046	丙	千克	（量）	3071	乙	强度	（名）
3047	乙	千万	（副）	3072	乙	强烈	（形）
3048	乙	签订	（动）	3073	丙	强迫	（动）
3049	丙	谦虚	（形）	3074	乙	抢	（动）
3050	甲	钱	（名）	3075	乙	敲	（动）
3051	甲	前	（名）	3076	乙	悄悄	（副）
3052	甲	前边	（名）	3077	甲	桥	（名）
3053	丙	前方	（名）	3078	乙	桥梁	（名）
3054	丙	前后	（名）	3079	乙	瞧	（动）
3055	乙	前进	（动）	3080	乙	巧	（形）
3056	乙	前面	（名）	3081	乙	巧妙	（形）
3057	乙	前年	（名）	3082	丙	翘	（动）
3058	乙	前天	（名）	3083	乙	切	（动）
3059	丙	前头	（名）	3084	乙	且	（副、连）
3060	乙	前途	（名）	3085	丙	切实	（形）

3086	丙	侵犯	(动)	3111	丙	清除	(动)
3087	乙	侵略	(动)	3112	甲	清楚	(形)
3088	丙	侵入	(动)	3113	丙	清洁	(形)
3089	丙	亲	(形)	3114	丙	清晰	(形)
3090	乙	亲爱	(形)	3115	丙	清醒	(形、动)
3091	乙	亲戚	(名)	3116	甲	晴	(形)
3092	乙	亲切	(形)	3117	丙	晴天	(名)
3093	丙	亲热	(形)	3118	丙	情	(名)
3094	丙	亲人	(名)	3119	丙	情报	(名)
3095	丙	亲眼	(副)	3120	乙	情景	(名)
3096	乙	亲自	(副)	3121	甲	情况	(名)
3097	丙	琴	(名)	3122	乙	情形	(名)
3098	丙	勤劳	(形)	3123	乙	情绪	(名)
3099	乙	青	(形)	3124	甲	请	(动)
3100	丙	青菜	(名)	3125	甲	请假	
3101	丙	青春	(名)	3126	丙	请教	(动)
3102	甲	青年	(名)	3127	乙	请客	
3103	丙	青蛙	(名)	3128	乙	请求	(动、名)
3104	甲	轻	(形)	3129	丙	请示	(动)
3105	丙	轻视	(动)	3130	甲	请问	
3106	乙	轻松	(形)	3131	乙	庆祝	(动)
3107	丙	轻易	(形)	3132	乙	穷	(形)
3108	丙	倾向	(动、名)	3133	丙	穷人	(名)
3109	乙	清	(形、动)	3134	甲	秋	(名)
3110	丙	清晨	(名)	3135	丙	秋季	(名)

3136 甲 秋天　　　（名）
3137 丙 丘陵　　　（名）
3138 甲 球　　　　（名）
3139 乙 球场　　　（名）
3140 乙 求　　　　（动）
3141 乙 区　　　　（名）
3142 乙 区别　　　（名、动）
3143 丙 区域　　　（名）
3144 丙 曲折　　　（形）
3145 乙 渠　　　　（名）
3146 丙 渠道　　　（名）
3147 乙 取　　　　（动）
3148 甲 取得　　　（动）
3149 乙 取消　　　（动）
3150 丙 娶　　　　（动）
3151 丙 趣味　　　（名）
3152 甲 去　　　　（动）
3153 甲 去年　　　（名）
3154 乙 圈　　　　（名）
3155 丙 圈子　　　（名）
3156 丙 权利　　　（名）
3157 丙 权力　　　（名）
3158 甲 全　　　　（形）
3159 甲 全部　　　（名）
3160 丙 全局　　　（名）

3161 乙 全面　　　（形）
3162 甲 全体　　　（名）
3163 丙 拳头　　　（名）
3164 乙 劝　　　　（动）
3165 丙 劝告　　　（动、名）
3166 乙 缺　　　　（动）
3167 乙 缺点　　　（名）
3168 乙 缺乏　　　（动、形）
3169 乙 缺少　　　（动）
3170 乙 却　　　　（副）
3171 乙 确定　　　（动）
3172 甲 确实　　　（形）
3173 乙 裙子　　　（名）
3174 乙 群　　　　（量）
3175 丙 群岛　　　（名）
3176 乙 群众　　　（名）

R

3177 乙 然而　　　（连）
3178 甲 然后　　　（副）
3179 丙 燃料　　　（名）
3180 乙 燃烧　　　（动）
3181 乙 染　　　　（动）
3182 丙 染料　　　（名）

3183	乙	嚷	（动）	3208	乙	人民币	（名）
3184	甲	让	（动）	3209	丙	人群	（名）
3185	丙	饶	（动）	3210	丙	人士	（名）
3186	乙	绕	（动）	3211	丙	人体	（名）
3187	乙	惹	（动）	3212	乙	人物	（名）
3188	甲	热	（形、动）	3213	丙	人心	（名）
3189	乙	热爱	（动）	3214	乙	人员	（名）
3190	丙	热带	（名）	3215	乙	人造	（形）
3191	丙	热量	（名）	3216	乙	忍	（动）
3192	乙	热烈	（形）	3217	丙	忍不住	
3193	乙	热闹	（形、动）	3218	丙	忍耐	（动）
3194	甲	热情	（形）	3219	丙	忍受	（动）
3195	乙	热水瓶(暖水瓶)	（名）	3220	丙	任	（介、连）
3196	乙	热心	（形）	3221	丙	任	（动）
3197	甲	人	（名）	3222	甲	任何	（代）
3198	乙	人才(人材)	（名）	3223	乙	任务	（名）
3199	乙	人工	（名）	3224	丙	任性	（形）
3200	乙	人家	（名）	3225	丙	任意	（副）
3201	丙	人家	（代）	3226	乙	认	（动）
3202	丙	人间	（名）	3227	乙	认得	（动）
3203	乙	人口	（名）	3228	甲	认识	（动、名）
3204	乙	人类	（名）	3229	甲	认为	（动）
3205	丙	人力	（名）	3230	甲	认真	（形）
3206	甲	人们	（名）	3231	乙	扔	（动）
3207	甲	人民	（名）	3232	乙	仍	（副）

3233	丙	仍旧	（副）	3258	乙	如	（连）
3234	乙	仍然	（副）	3259	丙	如此	（代）
3235	甲	日	（名）	3260	乙	如果	（连）
3236	丙	日报	（名）	3261	乙	如何	（代）
3237	乙	日常	（形）	3262	乙	如今	（名）
3238	乙	日程	（名）	3263	丙	如同	（动）
3239	乙	日记	（名）	3264	丙	如下	
3240	乙	日期	（名）	3265	乙	入	（动）
3241	丙	日夜	（名）	3266	乙	软	（形）
3242	丙	日益	（副）	3267	丙	软弱	（形）
3243	丙	日用	（形）	3268	丙	若	（连）
3244	乙	日用品	（名）	3269	丙	若干	（数）
3245	甲	日语(日文)	（名）	3270	乙	弱	（形）
3246	乙	日元	（名）				
3247	甲	日子	（名）				
3248	丙	荣幸	（形）			S	
3249	丙	溶液	（名）				
3250	丙	容	（动）	3271	乙	撒	（动）
3251	丙	容器	（名）	3272	乙	洒	（动）
3252	丙	容许	（动）	3273	丙	塞	（动）
3253	甲	容易	（形）	3274	乙	赛	（动）
3254	丙	揉	（动）	3275	甲	三	（数）
3255	丙	柔软	（形）	3276	乙	伞	（名）
3256	甲	肉	（名）	3277	丙	散	（动、形）
3257	乙	如	（动）	3278	丙	散文	（名）
				3279	丙	散	（动）

3280 丙 散布	（动）	3305 丙 闪烁	（动）
3281 甲 散步		3306 乙 善于	（动）
3282 乙 嗓子	（名）	3307 丙 扇子	（名）
3283 丙 丧失	（动）	3308 乙 伤	（动、名）
3284 乙 扫	（动）	3309 丙 伤害	（动）
3285 乙 嫂子	（名）	3310 丙 伤口	（名）
3286 乙 色	（名）	3311 丙 伤脑筋	
3287 丙 色彩	（名）	3312 乙 伤心	
3288 乙 森林	（名）	3313 乙 商场	（名）
3289 乙 杀	（动）	3314 甲 商店	（名）
3290 乙 沙发	（名）	3315 乙 商量	（动）
3291 乙 沙漠	（名）	3316 乙 商品	（名）
3292 乙 沙子	（名）	3317 丙 商人	（名）
3293 丙 纱	（名）	3318 乙 商业	（名）
3294 乙 傻	（形）	3319 甲 上	（名）
3295 乙 晒	（动）	3320 甲 上	（动）
3296 丙 删	（动）	3321 乙 上班	
3297 甲 山	（名）	3322 甲 上边	（名）
3298 丙 山地	（名）	3323 乙 上当	
3299 丙 山峰	（名）	3324 丙 上帝	（名）
3300 丙 山谷	（名）	3325 乙 上级	（名）
3301 乙 山脉	（名）	3326 甲 上课	
3302 乙 山区	（名）	3327 甲 上来	
3303 乙 闪	（动）	3328 乙 上面	（名）
3304 丙 闪电	（名）	3329 甲 上去	

134

3330 丙 上升	（动）	3355 乙 射	（动）
3331 丙 上述	（名）	3356 丙 射击	（动）
3332 丙 上头	（名）	3357 甲 社会	（名）
3333 甲 上午	（名）	3358 丙 社会主义	（名）
3334 丙 上下	（名）	3359 丙 社论	（名）
3335 甲 上学		3360 丙 设	（动）
3336 丙 上旬	（名）	3361 乙 设备	（名）
3337 乙 上衣	（名）	3362 丙 设法	（动）
3338 丙 上游	（名）	3363 乙 设计	（动、名）
3339 乙 稍	（副）	3364 丙 设想	（动、名）
3340 乙 稍微	（副）	3365 丙 申请	（动）
3341 乙 烧	（动）	3366 乙 伸	（动）
3342 乙 勺子	（名）	3367 乙 身	（名、量）
3343 甲 少	（形、动）	3368 乙 身边	（名）
3344 乙 少数	（名）	3369 丙 身材	（名）
3345 乙 少年	（名）	3370 丙 身分(身份)	（名）
3346 丙 少女	（名）	3371 甲 身体	（名）
3347 丙 少先队	（名）	3372 丙 身子	（名）
3348 丙 哨兵	（名）	3373 甲 深	（形）
3349 乙 蛇	（名）	3374 丙 深度	（名）
3350 乙 舌头	（名）	3375 乙 深厚	（形）
3351 丙 舍不得		3376 乙 深刻	（形）
3352 丙 舍得	（动）	3377 乙 深入	（动）
3353 丙 摄氏	（名）	3378 丙 深夜	（名）
3354 丙 摄影		3379 甲 什么	（代）

3380	乙	什么的	(代)	3405	甲	生活	(名)
3381	乙	神	(名)	3406	丙	生理	(名)
3382	丙	神话	(名)	3407	乙	生命	(名)
3383	乙	神经	(名)	3408	乙	生气	
3384	丙	神秘	(形)	3409	甲	生日	(名)
3385	丙	神气	(形、名)	3410	乙	生物	(名)
3386	丙	神情	(名)	3411	乙	生意	(名)
3387	丙	神圣	(形)	3412	乙	生长	(动)
3388	丙	审查	(动)	3413	乙	升	(动)
3389	丙	婶子	(名)	3414	乙	绳子	(名)
3390	丙	甚至	(副、连)	3415	甲	省	(名)
3391	丙	甚至于	(连)	3416	乙	省	(动)
3392	丙	慎重	(形)	3417	丙	省得	(连)
3393	甲	声	(名、量)	3418	丙	省长	(名)
3394	甲	声调	(名)	3419	丙	圣诞节	(名)
3395	丙	声明	(动、名)	3420	甲	剩	(动)
3396	甲	声音	(名)	3421	丙	剩余	(动、名)
3397	丙	生	(名)	3422	乙	胜	(动)
3398	乙	生	(动)	3423	甲	胜利	(动、名)
3399	乙	生	(形)	3424	丙	师范	(名)
3400	丙	生病		3425	甲	师傅	(名)
3401	甲	生产	(动、名)	3426	乙	失败	(动、名)
3402	甲	生词	(名)	3427	丙	失掉	(动)
3403	丙	生存	(动)	3428	丙	失眠	(动)
3404	乙	生动	(形)	3429	乙	失去	(动)

3430 乙 失望	（形）	3455 丙 实话	（名）
3431 乙 失业		3456 乙 实际	（名、形）
3432 乙 狮子	（名）	3457 甲 实践	（动、名）
3433 乙 施工		3458 丙 实况	（名）
3434 乙 湿	（形）	3459 丙 实施	（动）
3435 丙 湿润	（形）	3460 乙 实事求是	
3436 乙 诗	（名）	3461 丙 实习	（动）
3437 丙 诗人	（名）	3462 甲 实现	（动）
3438 甲 十	（数）	3463 乙 实行	（动）
3439 甲 十分	（副）	3464 乙 实验	（动、名）
3440 乙 石头	（名）	3465 乙 实用	（形）
3441 乙 石油	（名）	3466 乙 实在	（形）
3442 乙 拾	（动）	3467 丙 实质	（名）
3443 丙 时常	（副）	3468 乙 使	（动）
3444 乙 时代	（名）	3469 丙 使得	（动）
3445 甲 时候	（名）	3470 丙 使劲	
3446 丙 时机	（名）	3471 甲 使用	（动）
3447 甲 时间	（名）	3472 丙 驶	（动）
3448 丙 时节	（名）	3473 乙 始终	（副）
3449 乙 时刻	（名）	3474 丙 示威	（动）
3450 乙 时期	（名）	3475 丙 士兵	（名）
3451 丙 时时	（副）	3476 乙 世纪	（名）
3452 乙 食品	（名）	3477 甲 世界	（名）
3453 甲 食堂	（名）	3478 丙 …似的	（助）
3454 乙 食物	（名）	3479 甲 事	（名）

3480	丙	事故	（名）	3505	乙	试卷	（名）
3481	丙	事迹	（名）	3506	乙	试验	（动、名）
3482	乙	事件	（名）	3507	甲	收	（动）
3483	甲	事情	（名）	3508	丙	收割	（动）
3484	乙	事实	（名）	3509	乙	收获	（动、名）
3485	乙	事物	（名）	3510	丙	收集	（动）
3486	丙	事务	（名）	3511	乙	收入	（动、名）
3487	乙	事先	（名）	3512	甲	收拾	（动）
3488	乙	事业	（名）	3513	丙	收缩	（动）
3489	丙	逝世	（动）	3514	乙	收音机	（名）
3490	丙	势力	（名）	3515	甲	手	（名）
3491	甲	是	（动）	3516	甲	手表	（名）
3492	丙	是的		3517	乙	手段	（名）
3493	丙	是非	（名）	3518	乙	手工	（名）
3494	丙	是否		3519	乙	手绢(手帕)	（名）
3495	乙	适当	（形）	3520	丙	手枪	（名）
3496	乙	适合	（动）	3521	丙	手势	（名）
3497	丙	适宜	（形）	3522	乙	手术	（名）
3498	乙	适应	（动）	3523	乙	手套儿	（名）
3499	乙	适用	（形、动）	3524	乙	手续	（名）
3500	甲	市	（名）	3525	乙	手指	（名）
3501	乙	市场	（名）	3526	乙	首	（名、量）
3502	丙	市长	（名）	3527	甲	首都	（名）
3503	乙	室	（名）	3528	乙	首先	（副）
3504	甲	试	（动）	3529	丙	守	（动）

138

3530 丙 寿命	（名）	3555 乙 属于	（动）
3531 丙 售	（动）	3556 甲 树	（名）
3532 丙 售货		3557 丙 树立	（动）
3533 乙 受	（动）	3558 乙 树林	（名）
3534 乙 瘦	（形）	3559 丙 树木	（名）
3535 乙 蔬菜	（名）	3560 丙 束	（量）
3536 乙 叔叔	（名）	3561 丙 束缚	（动）
3537 丙 梳	（动）	3562 乙 数	（名）
3538 丙 梳子	（名）	3563 丙 数据	（名）
3539 甲 输	（动）	3564 乙 数量	（名）
3540 丙 舒畅	（形）	3565 丙 数目	（名）
3541 甲 舒服	（形）	3566 甲 数学	（名）
3542 乙 舒适	（形）	3567 乙 数字	（名）
3543 甲 书	（名）	3568 乙 刷	（动）
3544 乙 书包	（名）	3569 丙 刷子	（名）
3545 丙 书本	（名）	3570 丙 耍	（动）
3546 乙 书店	（名）	3571 乙 摔	（动）
3547 丙 书籍	（名）	3572 丙 衰弱	（形）
3548 乙 书记	（名）	3573 乙 甩	（动）
3549 乙 书架	（名）	3574 乙 率领	（动）
3550 甲 熟	（形）	3575 丙 拴	（动）
3551 乙 熟练	（形）	3576 丙 霜	（名）
3552 乙 熟悉	（动）	3577 丙 双	（形）
3553 乙 暑假	（名）	3578 甲 双	（量）
3554 甲 数	（动）	3579 乙 双方	（名）

3580	甲	谁	(代)	3605	丙	思考	(动)
3581	甲	水	(名)	3606	丙	思念	(动)
3582	乙	水稻	(名)	3607	丙	思索	(动)
3583	丙	水分	(名)	3608	丙	思维	(名)
3584	甲	水果	(名)	3609	甲	思想	(名)
3585	丙	水库	(名)	3610	乙	私	(名)
3586	丙	水利	(名)	3611	乙	私人	(名)
3587	丙	水力	(名)	3612	丙	私有	(形)
3588	乙	水泥	(名)	3613	乙	司机	(名)
3589	甲	水平	(名)	3614	丙	司令	(名)
3590	甲	睡	(动)	3615	乙	丝	(名)
3591	甲	睡觉		3616	丙	丝毫	(名)
3592	丙	睡眠	(名)	3617	甲	死	(动)
3593	丙	税	(名)	3618	丙	死	(形)
3594	丙	顺	(形、动)	3619	丙	死亡	(动)
3595	乙	顺	(介)	3620	甲	四	(数)
3596	乙	顺便	(副)	3621	丙	四处	(名)
3597	乙	顺利	(形)	3622	丙	四面八方	
3598	丙	顺手	(形)	3623	丙	四周	(名)
3599	甲	说	(动)	3624	乙	似乎	(副)
3600	丙	说不定	(副)	3625	丙	饲养	(动)
3601	丙	说法	(名)	3626	乙	松	(形.动)
3602	丙	说服		3627	丙	松树	(名)
3603	甲	说明	(动、名)	3628	甲	送	(动)
3604	乙	撕	(动)	3629	丙	送礼	

3630	乙	送行	（动）	3655	丙	孙女	（名）
3631	丙	搜集	（动）	3656	丙	孙子	（名）
3632	丙	艘	（量）	3657	丙	损害	（动）
3633	丙	俗话	（名）	3658	丙	损坏	（动）
3634	丙	速成	（动）	3659	乙	损失	（动、名）
3635	乙	速度	（名）	3660	乙	缩	（动）
3636	乙	塑料	（名）	3661	丙	缩短	（动）
3637	甲	宿舍	（名）	3662	丙	缩小	（动）
3638	甲	酸	（形）	3663	丙	锁	（名）
3639	甲	算	（动）	3664	丙	锁	（动）
3640	乙	算了		3665	乙	所	（量、名）
3641	丙	算是	（动）	3666	乙	所	（助）
3642	丙	算数		3667	乙	所谓	（形）
3643	丙	虽	（连）	3668	甲	所以	（连）
3644	甲	虽然	（连）	3669	甲	所有	（形）
3645	丙	虽说	（连）	3670	丙	所在	（名）

3646 乙 随 （介、动）
3647 乙 随便 （形）
3648 丙 随后 （副）
3649 丙 随即 （副）

T

3650 乙 随时 （副）
3651 丙 随手 （副） 3671 丙 塌 （动）
3652 乙 碎 （形） 3672 甲 他 （代）
3653 甲 岁 （量） 3673 甲 他们 （代）
3654 丙 岁数 （名） 3674 甲 它 （代）
3675 甲 它们 （代）
3676 甲 她 （代）

141

3677	甲	她们	（代）	3702	甲	糖	（名）
3678	丙	踏实	（形）	3703	丙	倘若	（连）
3679	乙	塔	（名）	3704	甲	躺	（动）
3680	丙	踏	（动）	3705	乙	趟	（量）
3681	甲	抬	（动）	3706	乙	烫	（动）
3682	乙	台	（名、量）	3707	乙	掏	（动）
3683	甲	太	（副）	3708	丙	桃	（名）
3684	乙	太太	（名）	3709	乙	逃	（动）
3685	甲	太阳	（名）	3710	丙	瓷	（名）
3686	甲	态度	（名）	3711	甲	讨论	（动、名）
3687	丙	摊	（动）	3712	乙	讨厌	（形）
3688	丙	摊	（名、量）	3713	乙	套	（动、量）
3689	丙	滩	（名）	3714	丙	特	（形）
3690	甲	谈	（动）	3715	甲	特别	（形）
3691	乙	谈话		3716	乙	特此	（副）
3692	丙	谈话	（名）	3717	乙	特点	（名）
3693	丙	谈论	（动）	3718	乙	特殊	（形）
3694	乙	谈判	（动）	3719	丙	特务	（名）
3695	乙	弹	（动）	3720	丙	特征	（名）
3696	丙	坦克	（名）	3721	甲	疼	（动）
3697	乙	毯子	（名）	3722	甲	踢	（动）
3698	乙	探	（动）	3723	甲	提	（动）
3699	丙	探索	（动、名）	3724	丙	提包	（名）
3700	丙	叹气		3725	乙	提倡	（动）
3701	甲	汤	（名）	3726	丙	提纲	（名）

142

3727 甲 提高	（动）	3752 丙 天然	（形）
3728 乙 提供	（动）	3753 丙 天然气	（名）
3729 乙 提前	（动）	3754 丙 天上	（名）
3730 丙 提问	（动）	3755 丙 天文	（名）
3731 丙 提醒	（动）	3756 丙 天下	（名）
3732 丙 提议	（动）	3757 乙 天真	（形）
3733 乙 题	（名）	3758 丙 天主教	（名）
3734 乙 题目	（名）	3759 乙 添	（动）
3735 丙 蹄	（名）	3760 乙 填	（动）
3736 丙 体操	（名）	3761 乙 田	（名）
3737 乙 体会	（动、名）	3762 丙 田地	（名）
3738 乙 体积	（名）	3763 乙 田野	（名）
3739 丙 体力	（名）	3764 乙 甜	（形）
3740 丙 体面	（名）	3765 乙 挑	（动）
3741 丙 体温	（名）	3767 甲 条	（量）
3742 乙 体系	（名）	3768 甲 条件	（名）
3743 丙 体现	（动）	3769 丙 条例	（名）
3744 甲 体育	（名）	3770 乙 条约	（名）
3745 乙 体育场	（名）	3771 丙 调节	（动）
3746 乙 体育馆	（名）	3772 丙 调皮	（形）
3747 乙 替	（动）	3773 乙 调整	（动）
3748 甲 天	（名）	3774 甲 跳	（动）
3749 丙 天才	（名）	3775 丙 跳动	（动）
3750 丙 天空	（名）	3776 甲 跳舞	（动）
3751 甲 天气	（名）	3777 乙 贴	（动）

3778	乙	铁	（名）	3803	丙	同盟	（名）
3779	乙	铁路	（名）	3804	乙	同情	（动）
3780	丙	厅	（名）	3805	甲	同时	（名）
3781	甲	听	（动）	3806	乙	同屋	
3782	甲	听见		3807	甲	同学	（名）
3783	乙	听讲		3808	乙	同样	（形、连）
3784	甲	听说		3809	甲	同意	（动）
3785	甲	听写	（动、名）	3810	甲	同志	（名）
3786	甲	停	（动）	3811	乙	铜	（名）
3787	丙	停留	（动）	3812	乙	桶	（名）
3788	乙	停止	（动）	3813	丙	筒	（名）
3789	丙	亭子	（名）	3814	丙	统计	（动、名）
3790	丙	挺	（动）	3815	丙	统统	（副）
3791	甲	挺	（副）	3816	乙	统一	（动、形）
3792	甲	通	（动、形）	3817	乙	统治	（动）
3793	丙	通常	（形）	3818	乙	痛	（动）
3794	甲	通过	（介、动）	3819	乙	痛苦	（形）
3795	丙	通顺	（形）	3820	甲	痛快	（形）
3796	丙	通信		3821	乙	偷	（动）
3797	乙	通讯	（名）	3822	乙	偷偷	（副）
3798	甲	通知	（动、名）	3823	乙	投	（动）
3799	乙	同	（形）	3824	丙	投机	（形、动）
3800	乙	同	（介、连）	3825	丙	投降	（动）
3801	丙	同伴	（名）	3826	乙	投入	（动、名）
3802	丙	同胞	（名）	3827	甲	头	（名、量）

3828	乙	头	（形）	3853	丙	团体	（名）
3829	乙	头发	（名）	3854	丙	团员	（名）
3830	丙	头脑	（名）	3855	丙	团长	（名）
3831	乙	透	（动、形）	3856	甲	推	（动）
3832	丙	透明	（形）	3857	丙	推迟	（动）
3833	乙	突出	（动、形）	3858	丙	推辞	（动）
3834	乙	突击	（动）	3859	乙	推动	（动）
3835	丙	突破	（动、名）	3860	丙	推翻	
3836	甲	突然	（形）	3861	乙	推广	（动）
3837	乙	图	（名）	3862	丙	推荐	（动）
3838	丙	图画	（名）	3863	丙	推进	（动）
3839	甲	图书馆	（名）	3864	甲	腿	（名）
3840	丙	徒弟	（名）	3865	甲	退	（动）
3841	丙	途径	（名）	3866	丙	退步	（动、名）
3842	乙	涂	（动）	3867	丙	退休	（动）
3843	乙	土	（名）	3868	丙	吞	（动）
3844	丙	土	（形）	3869	乙	拖	（动）
3845	乙	土地	（名）	3870	丙	拖拉机	（名）
3846	乙	土豆	（名）	3871	乙	托	（动）
3847	丙	土壤	（名）	3872	丙	托儿所	（名）
3848	乙	吐	（动）	3873	甲	脱	（动）
3849	乙	兔子	（名）	3874	乙	脱离	（动）
3850	乙	吐	（动）	3875	丙	驮	（动）
3851	乙	团	（名、量）	3876	丙	妥当	（形）
3852	甲	团结	（动）				

W

3877 乙 挖 （动）
3878 乙 哇 （助）
3879 丙 娃娃 （名）
3880 丙 瓦 （名）
3881 甲 袜子 （名）
3882 乙 歪 （形）
3883 丙 歪曲 （动）
3884 甲 外 （名）
3885 甲 外边 （名）
3886 丙 外部 （名）
3887 乙 外地 （名）
3888 甲 外国 （名）
3889 乙 外交 （名）
3890 丙 外界 （名）
3891 丙 外科 （名）
3892 乙 外面 （名）
3893 丙 外头 （名）
3894 丙 外衣 （名）
3895 甲 外语（外文）（名）
3896 丙 外祖父 （名）
3897 丙 外祖母 （名）
3898 乙 弯 （动）

3899 丙 弯曲 （形）
3900 甲 玩儿 （动）
3901 丙 顽固 （形）
3902 丙 顽强 （形）
3903 丙 玩笑 （名）
3904 丙 玩意儿 （名）
3905 丙 丸 （量）
3906 甲 完 （动）
3907 丙 完备 （形）
3908 甲 完成 （动）
3909 甲 完全 （形）
3910 丙 完善 （形、动）
3911 乙 完整 （形）
3912 甲 碗 （名）
3913 丙 挽 （动）
3914 丙 挽救 （动）
3915 甲 晚 （形）
3916 丙 晚报 （名）
3917 甲 晚饭 （名）
3918 甲 晚会 （名）
3919 甲 晚上 （名）
3920 甲 万 （数）
3921 丙 万分 （形）
3922 丙 万古长青
3923 丙 万岁

3924 丙 万万	（副）	3949 丙 为止	（动）
3925 丙 万一	（名、副）	3950 丙 维持	（动）
3926 丙 网	（名）	3951 乙 维护	（动）
3927 乙 网球	（名）	3952 丙 维生素	（名）
3928 甲 往	（介）	3953 丙 委屈	（动）
3929 丙 往来	（动）	3954 丙 委托	（动）
3930 乙 往往	（副）	3955 乙 委员	（名）
3931 乙 望	（动）	3956 甲 伟大	（形）
3932 甲 往	（介）	3957 乙 尾巴	（名）
3933 甲 忘	（动）	3958 乙 未	（副）
3934 乙 忘记	（动）	3959 丙 未必	（副）
3935 丙 威胁	（动）	3960 乙 未来	（名）
3936 丙 微小	（形）	3961 丙 味	（名）
3937 乙 微笑	（动）	3962 乙 味道	（名）
3938 乙 危害	（动、名）	3963 乙 胃	（名）
3939 乙 危机	（名）	3964 甲 喂	（叹）
3940 甲 危险	（形、名）	3965 乙 喂	（动）
3941 丙 违背	（动）	3966 甲 位	（量）
3942 乙 违反	（动）	3967 丙 位于	（动）
3943 乙 围	（动）	3968 乙 位置	（名）
3944 丙 围巾	（名）	3969 丙 慰问	（动）
3945 乙 围绕	（动）	3970 乙 卫生	（名、形）
3946 甲 为	（动、介）	3971 乙 卫星	（名）
3947 丙 为难	（动）	3972 甲 为	（动、介）
3948 丙 为首	（动）	3973 甲 为了	（动、介）

3974	甲	为什么		3999	丙	翁	（象声）
3975	丙	温	（形、动）	4000	甲	我	（代）
3976	丙	温带	（名）	4001	甲	我们	（代）
3977	乙	温度	（名）	4002	丙	卧	（动）
3978	丙	温和	（形）	4003	乙	握	（动）
3979	乙	温暖	（形、动）	4004	甲	握手	
3980	丙	蚊子	（名）	4005	丙	污	（形）
3981	甲	文化	（名）	4006	乙	污染	（动）
3982	乙	文件	（名）	4007	丙	诬蔑	（动、名）
3983	乙	文明	（名、形）	4008	乙	屋	（名）
3984	乙	文物	（名）	4009	甲	屋子	（名）
3985	甲	文学	（名）	4010	乙	无	（动.副）
3986	甲	文学家	（名）	4011	丙	无比	（形）
3987	甲	文艺	（名）	4012	丙	无产阶级	（名）
3988	甲	文章	（名）	4013	丙	无法	
3989	乙	文字	（名）	4014	丙	无可奈何	
3990	乙	闻	（动）	4015	乙	无论	（连）
3991	丙	闻名	（动）	4016	丙	无论如何	
3992	丙	吻	（名、动）	4017	丙	无情	（形）
3993	乙	稳	（形）	4018	乙	无数	（形）
3994	乙	稳定	（形）	4019	丙	无所谓	（动）
3995	甲	问	（动）	4020	乙	无限	（形）
3996	甲	问好		4021	丙	无线电	（名）
3997	乙	问候	（动）	4022	丙	无疑	（形）
3998	甲	问题	（名）	4023	乙	武器	（名）

4024 乙 武术	（名）	4046 乙 西方	（名）
4025 丙 武装	（名、动）	4047 丙 西服	（名）
4026 甲 五	（数）	4048 乙 西瓜	（名）
4027 甲 午饭	（名）	4049 乙 西红柿	（名）
4028 丙 舞蹈	（名）	4050 乙 西南	（名）
4029 丙 舞会	（名）	4051 乙 西面	（名）
4030 丙 舞台	（名）	4052 丙 西医	（名）
4031 丙 侮辱	（动、名）	4053 乙 吸	（动）
4032 乙 雾	（名）	4054 丙 吸取	（动）
4033 乙 物价	（名）	4055 乙 吸收	（动）
4034 甲 物理	（名）	4056 乙 吸烟（抽烟）	
4035 丙 物品	（名）	4057 乙 吸引	（动）
4036 丙 物体	（名）	4058 乙 牺牲	（动）
4037 乙 物质	（名）	4059 丙 稀	（形）
4038 丙 物资	（名）	4060 丙 锡	（名）
4039 丙 误	（形、动）	4061 甲 希望	（动、名）
4040 乙 误会	（动、名）	4062 丙 袭击	（动）
		4063 甲 习惯	（名、动）
X		4064 丙 媳妇	（名）
		4065 丙 喜爱	（动）
4041 甲 西	（名）	4066 甲 喜欢	（动）
4042 乙 西北	（名）	4067 丙 喜悦	（形）
4043 甲 西边	（名）	4068 甲 洗	（动）
4044 乙 西部	（名）	4069 乙 洗衣机	（名）
4045 乙 西餐	（名）	4070 甲 洗澡	

4071	甲	系	（名）	4096	丙	下游	（名）
4072	乙	系统	（名）	4097	甲	夏	（名）
4073	乙	戏	（名）	4098	丙	夏季	（名）
4074	丙	戏剧	（名）	4099	甲	夏天	（名）
4075	甲	细	（形）	4100	乙	吓	（动）
4076	丙	细胞	（名）	4101	乙	掀	（动）
4077	乙	细菌	（名）	4102	甲	先	（副）
4078	乙	细心	（形）	4103	乙	先后	（名、副）
4079	丙	细致	（形）	4104	乙	先进	（形）
4080	丙	瞎	（动、副）	4105	甲	先生	（名）
4081	丙	虾	（名）	4106	乙	鲜	（形）
4082	丙	峡谷	（名）	4107	乙	鲜花	（名）
4083	甲	下	（动）	4108	丙	鲜明	（形）
4084	甲	下	（名）	4109	丙	鲜血	（名）
4085	甲	下	（量）	4110	丙	鲜艳	（形）
4086	乙	下班		4111	乙	纤维	（名）
4087	甲	下边	（名）	4112	丙	咸	（形）
4088	丙	下降	（动）	4113	乙	闲	（形）
4089	甲	下课		4114	丙	闲话	（名）
4090	甲	下来		4115	丙	嫌	（动）
4091	丙	下列	（形）	4116	乙	显得	（动）
4092	乙	下面	（名）	4117	乙	显然	（形）
4093	甲	下去		4118	丙	显示	（动）
4094	甲	下午	（名）	4119	乙	显著	（形）
4095	丙	下旬	（名）	4120	丙	险	（形）

4121	丙	现	（动、副）	4146	乙	香肠	（名）
4122	丙	现成	（形）	4147	甲	香蕉	（名）
4123	甲	现代	（名）	4148	丙	香烟	（名）
4124	乙	现代化	（动、名）	4149	乙	香皂	（名）
4125	乙	现实	（名）	4150	丙	箱	（量）
4126	乙	现象	（名）	4151	乙	箱子	（名）
4127	甲	现在	（名）	4152	乙	乡	（名）
4128	乙	献	（动）	4153	丙	乡村	（名）
4129	乙	县	（名）	4154	乙	乡下	（名）
4130	丙	县城	（名）	4155	乙	详细	（形）
4131	乙	羡慕	（动）	4156	甲	想	（动、助动）
4132	丙	宪法	（名）	4157	乙	想法	（名）
4133	丙	陷	（动）	4158	乙	想念	（动）
4134	乙	限制	（动、名）	4159	乙	想象	（动）
4135	乙	线	（名）	4160	甲	响	（形）
4136	丙	线路	（名）	4161	丙	响亮	（形）
4137	乙	相	（副）	4162	乙	响应	（动）
4138	乙	相当	（形）	4163	乙	享受	（动、名）
4139	丙	相对	（动、形）	4164	乙	项	（量）
4140	乙	相反	（形）	4165	乙	项目	（名）
4141	乙	相互	（形）	4166	丙	巷	（名）
4142	乙	相似	（形）	4167	丙	相声	（名）
4143	乙	相同	（形）	4168	甲	像	（动、名）
4144	甲	相信	（动）	4169	甲	向	（介、动）
4145	甲	香	（形）	4170	丙	向导	（名）

4171	丙	向来	（副）	4195	乙	小学	（名）
4172	乙	象	（名）	4196	丙	小组	（名）
4173	丙	象征	（动、名）	4197	乙	校长	（名）
4174	丙	削	（动）	4198	甲	笑	（动）
4175	丙	消除	（动）	4199	乙	笑话	（名、动）
4176	丙	消毒		4200	丙	笑容	（名）
4177	乙	消费	（动）	4201	乙	效果	（名）
4178	丙	消耗	（动、名）	4202	乙	效率	（名）
4179	乙	消化	（动）	4203	甲	些	（量）
4180	丙	消极	（形）	4204	乙	歇	（动）
4181	乙	消灭	（动）	4205	甲	鞋	（名）
4182	乙	消失	（动）	4206	丙	协定	（名）
4183	甲	消息	（名）	4207	丙	协会	（名）
4184	乙	晓得	（动）	4208	丙	协助	（动）
4185	甲	小	（形、头）	4209	丙	协作	（动、名）
		［小李］		4210	乙	斜	（形）
4186	丙	小便	（名）	4211	甲	写	（动）
4187	甲	小孩儿	（名）	4212	丙	写作	（动）
4188	乙	小伙子	（名）	4213	乙	血	（名）
4189	甲	小姐	（名）	4214	丙	卸	（动）
4190	乙	小麦	（名）	4215	甲	谢谢	（动）
4191	乙	小朋友	（名）	4216	丙	欣赏	（动）
4192	甲	小时	（名）	4217	甲	辛苦	（形、动）
4193	乙	小说	（名）	4218	丙	辛勤	（形）
4194	乙	小心	（形、动）	4219	甲	新	（形）

4220 甲 新年	（名）	4245 乙 星星	（名）
4221 丙 新生	（形）	4246 乙 兴奋	（形）
4222 丙 新式	（形）	4247 乙 形成	（动）
4223 甲 新闻	（名）	4248 乙 形容	（动）
4224 乙 新鲜	（形）	4249 乙 形式	（名）
4225 丙 新型	（形）	4250 乙 形势	（名）
4226 甲 心	（名）	4251 丙 形态	（名）
4227 丙 心爱	（形）	4252 乙 形象	（名、形）
4228 乙 心得	（名）	4253 乙 形状	（名）
4229 丙 心理	（名）	4254 乙 行	（名）
4230 乙 心情	（名）	4255 甲 行	（动、形）
4231 丙 心事	（名）	4256 乙 行动	（动、名）
4232 丙 心思	（名）	4257 乙 行李	（名）
4233 丙 心意	（名）	4258 丙 行人	（名）
4234 乙 心脏	（名）	4259 丙 行驶	（动）
4235 乙 信	（动）	4260 丙 行为	（名）
4236 甲 信	（名）	4261 丙 行星	（名）
4237 甲 信封	（名）	4262 丙 行政	（名）
4238 丙 信号	（名）	4263 乙 醒	（动）
4239 丙 信念	（名）	4264 丙 兴高采烈	
4240 丙 信任	（动、名）	4265 乙 兴趣	（名）
4241 丙 信息	（名）	4266 甲 幸福	（形）
4242 乙 信心	（名）	4267 丙 幸亏	（副）
4243 甲 星期	（名）	4268 乙 性	（名、尾）
4244 甲 星期日(星期天)	（名）	［积极性］	

153

4269	丙	性别	（名）	4294	丙	须	（助动）
4270	乙	性格	（名）	4295	乙	许	（动、副）
4271	丙	性能	（名）	4296	甲	许多	（形）
4272	乙	性质	（名）	4297	丙	叙述	（动）
4273	甲	姓	（动、名）	4298	乙	宣布	（动）
4274	乙	姓名	（名）	4299	乙	宣传	（动、名）
4275	乙	兄弟	（名）	4300	丙	宣告	（动）
4276	丙	凶	（形）	4301	丙	宣言	（名）
4277	丙	凶恶	（形）	4302	丙	悬	（动）
4278	乙	胸	（名）	4303	丙	悬崖	（名）
4279	乙	雄	（形）	4304	丙	旋转	（动）
4280	乙	雄伟	（形）	4305	乙	选	（动）
4281	乙	熊猫	（名）	4306	乙	选举	（动、名）
4282	甲	休息	（动）	4307	丙	选修	（动）
4283	乙	修	（动）	4308	乙	选择	（动、名）
4284	乙	修改	（动、名）	4309	甲	学	（动）
4285	丙	修建	（动）	4310	乙	学	（名、尾）
4286	乙	修理	（动）			[社会学]	
4287	丙	修正	（动）	4311	乙	学费	（名）
4288	丙	修筑	（动）	4312	丙	学会	（名）
4289	丙	锈	（名、动）	4313	丙	学科	（名）
4290	丙	绣	（动）	4314	丙	学年	（名）
4291	丙	需	（动）	4315	乙	学期	（名）
4292	甲	需要	（动、名）	4316	甲	学生	（名）
4293	乙	虚心	（形）	4317	丙	学时	（名）

4318 乙 学术	（名）	4340 丙 压力	（名）
4319 丙 学说	（名）	4341 乙 压迫	（动）
4320 丙 学位	（名）	4342 丙 压缩	（动）
4321 乙 学问	（名）	4343 丙 压制	（动）
4322 甲 学习	（动、名）	4344 丙 押	（动）
4323 甲 学校	（名）	4345 丙 鸭子	（名）
4324 丙 学员	（名）	4346 甲 呀	（叹）
4325 甲 学院	（名）	4347 丙 芽	（名）
4326 丙 学者	（名）	4348 乙 牙	（名）
4327 丙 学制	（名）	4349 丙 牙齿	（名）
4328 甲 雪	（名）	4350 丙 牙膏	（名）
4329 丙 雪花	（名）	4351 乙 牙刷	（名）
4330 丙 血	（名）	4352 丙 亚军	（名）
4331 丙 血管	（名）	4353 甲 呀	（助）
4332 乙 血液	（名）	4354 丙 烟	（名）
4333 丙 循环	（动、名）	4355 丙 烟囱	（名）
4334 丙 询问	（动）	4356 丙 淹	（动）
4335 丙 寻	（动）	4357 乙 盐	（名）
4336 乙 寻找	（动）	4358 丙 严	（形）
4337 乙 训练	（动）	4359 乙 严格	（形、动）
4338 乙 迅速	（形）	4360 丙 严禁	（动）
		4361 丙 严厉	（形）
Y		4362 丙 严密	（形、动）
		4363 乙 严肃	（形、动）
4339 乙 压	（动）	4364 乙 严重	（形）

4365	甲	研究	（动、名）	4390	乙	咽	（动）
4366	丙	研究生	（名）	4391	甲	宴会	（名）
4367	乙	研究所	（名）	4392	丙	扬	（动）
4368	丙	研制	（动）	4393	甲	羊	（名）
4369	丙	岩石	（名）	4394	丙	洋	（形）
4370	乙	延长	（动）	4395	乙	阳光	（名）
4371	甲	颜色	（名）	4396	丙	氧化	（动）
4372	乙	沿	（介）	4397	丙	氧气	（名）
4373	丙	沿儿	（名）	4398	乙	仰	（动）
4374	丙	沿海	（名）	4399	乙	养	（动）
4375	丙	掩盖	（动）	4400	丙	养成	（动）
4376	丙	掩护	（动）	4401	丙	养料	（名）
4377	乙	眼	（名）	4402	乙	样	（量）
4378	丙	眼光	（名）	4403	甲	样子	（名）
4379	甲	眼睛	（名）	4404	甲	要求	（动、名）
4380	乙	眼镜	（名）	4405	乙	邀请	（动、名）
4381	丙	眼看	（动、副）	4406	乙	腰	（名）
4382	乙	眼泪	（名）	4407	乙	摇	（动）
4383	乙	眼前	（名）	4408	丙	摇摆	（动）
4384	乙	演	（动）	4409	丙	摇晃	（动）
4385	甲	演出	（动、名）	4410	丙	遥远	（形）
4386	丙	演说	（动、名）	4411	丙	窑	（名）
4387	乙	演员	（名）	4412	丙	谣言	（名）
4388	丙	燕子	（名）	4413	乙	咬	（动）
4389	丙	厌恶	（动）	4414	甲	药	（名）

156

4415 丙 药方	（名）	4440 乙 夜里	（名）
4416 丙 药品	（名）	4441 乙 夜晚	（名）
4417 丙 药水	（名）	4442 丙 液体	（名）
4418 丙 药物	（名）	4443 甲 一	（数）
4419 甲 要	（助动、动）	4444 乙 一	（副）
4420 丙 要	（连）	4445 丙 一一	（副）
4421 丙 要不	（连）	4446 甲 一…就…	
4422 丙 要不然	（连）	4447 乙 一…也…	
4423 丙 要不是	（连）	4448 乙 一半	（名）
4424 丙 要点	（名）	4449 丙 一带	（名）
4425 丙 要好	（形）	4450 乙 一道	（副）
4426 乙 要紧	（形）	4451 甲 一定	（形）
4427 甲 要是	（连）	4452 甲 一共	（副）
4428 丙 钥匙	（名）	4453 甲 一会儿	（副、名）
4429 乙 爷爷	（名）	4454 甲 一块儿	（副）
4430 丙 野兽	（名）	4455 丙 一路平安	
4431 丙 冶金	（名）	4456 丙 一路顺风	
4432 甲 也	（副）	4457 丙 一面…一面…	
4433 甲 也许	（副）	4458 甲 一切	（形、代）
4434 甲 页	（名）	4459 丙 一系列	（形）
4435 乙 业务	（名）	4460 甲 一下儿	
4436 乙 业余	（形）	4461 丙 一下儿	（副）
4437 乙 叶子	（名）	4462 乙 一下子	（副）
4438 甲 夜	（名）	4463 丙 一向	（副）
4439 丙 夜间	（名）	4464 甲 一样	（形）

4465	丙	一再	(副)	4490	丙	依旧	(形)
4466	丙	一阵	(名)	4491	丙	依据	(动、名)
4467	乙	一致	(形)	4492	乙	依靠	(动、名)
4468	甲	一般	(形)	4493	丙	依然	(副)
4469	乙	一边	(名)	4494	丙	依照	(介、动)
4470	甲	一边…一边…		4495	丙	伊斯兰教	(名)
4471	甲	一点儿	(名)	4496	甲	衣服	(名)
4472	乙	一方面…一方面…		4497	丙	遗产	(名)
4473	丙	一口气	(副)	4498	丙	遗憾	(形)
4474	丙	一连	(副)	4499	丙	遗留	(动)
4475	丙	一旁	(名)	4500	乙	移	(动)
4476	乙	一齐	(副)	4501	乙	移动	(动)
4477	甲	一起	(副)	4502	丙	仪表	(名)
4478	乙	一生	(名)	4503	乙	仪器	(名)
4479	乙	一时	(名)	4504	丙	仪式	(名)
4480	乙	一同	(副)	4505	乙	疑问	(动、名)
4481	甲	一些		4506	丙	疑心	(动、名)
4482	丙	一心	(形)	4507	丙	姨	(名)
4483	丙	一行	(名)	4508	甲	椅子	(名)
4484	甲	一直	(副)	4509	丙	倚	(动)
4485	丙	医疗	(动)	4510	乙	已	(副)
4486	甲	医生	(名)	4511	甲	已经	(副)
4487	乙	医学	(名)	4512	丙	乙	(名)
4488	乙	医务室	(名)	4513	乙	以	(介、连)
4489	甲	医院	(名)	4514	丙	以便	(连)

4515	甲	以后	（名）	4541	乙	异常	（形）
4516	乙	以及	（连）	4542	乙	因此	（连）
4517	乙	以来	（助）	4543	乙	因而	（连）
4518	乙	以内	（名）	4544	乙	因素	（名）
4519	甲	以前	（名）	4545	甲	因为	（连）
4520	乙	以上	（名）	4546	丙	音	（名）
4521	乙	以外	（名）	4547	甲	音乐	（名）
4523	乙	以下	（名）	4548	甲	阴	（形）
4524	丙	以至	（连）	4549	丙	阴谋	（名）
4525	丙	以致	（连）	4550	丙	阴天	（名）
4526	甲	艺术	（名）	4551	乙	银	（名）
4527	丙	抑制	（动）	4552	甲	银行	（名）
4528	丙	易	（形）	4553	丙	银幕	（名）
4529	甲	亿	（数）	4554	丙	饮料	（名）
4530	甲	意见	（名）	4555	丙	引	（动）
4531	丙	意识	（名、动）	4556	丙	引导	（动）
4532	甲	意思	（名）	4557	丙	引进	（动）
4533	乙	意外	（形、名）	4558	乙	引起	（动）
4534	丙	意味着	（动）	4559	丙	隐约	（形）
4535	甲	意义	（名）	4560	乙	印	（动）
4536	乙	意志	（名）	4561	丙	印染	（动）
4537	丙	毅力	（名）	4562	乙	印刷	（动）
4538	丙	义务	（名）	4563	乙	印象	（名）
4539	丙	议会	（名）	4564	丙	英磅	（名）
4540	乙	议论	（动）	4565	丙	英明	（形）

4566	乙	英雄	（名）	4591	丙	拥挤	（动）
4567	乙	英勇	（形）	4592	丙	踊跃	（形）
4568	甲	英语（英文）	（名）	4593	丙	涌	（动）
4569	丙	婴儿	（名）	4594	甲	永远	（副）
4570	乙	应	（助动）	4595	乙	勇敢	（形）
4571	乙	应当	（助动）	4596	乙	勇气	（形）
4572	甲	应该	（助动）	4597	甲	用	（动）
4573	乙	营养	（名）	4598	乙	用不着	
4574	乙	营业	（动）	4599	乙	用处	（名）
4575	丙	迎	（动）	4600	乙	用功	
4576	乙	迎接	（动）	4601	乙	用力	
4577	甲	赢	（动）	4602	丙	用品	（名）
4578	丙	影片	（名）	4603	丙	用途	（名）
4579	甲	影响	（动、名）	4604	丙	用心	
4580	乙	影子	（名）	4605	乙	优点	（名）
4581	丙	应	（动）	4606	乙	优良	（形）
4582	丙	应酬	（动）	4607	乙	优美	（形）
4583	丙	应付	（动）	4608	丙	优胜	（形）
4584	丙	应邀	（动）	4609	丙	优势	（名）
4585	乙	应用	（动）	4610	乙	优秀	（形）
4586	乙	硬	（形）	4611	丙	优越	（形）
4587	丙	硬	（副）	4612	乙	悠久	（形）
4588	丙	哟	（叹、助）	4613	甲	尤其	（副）
4589	乙	拥抱	（动）	4614	乙	由	（介）
4590	乙	拥护	（动）	4615	乙	由于	（介）

4616	丙	邮包	（名）	4641	乙	有效	（形）
4617	甲	邮局	（名）	4642	丙	有(一)些	（副）
4618	甲	邮票	（名）	4643	甲	有些	（代）
4619	丙	犹豫	（形）	4644	乙	有(一)点儿	（副）
4620	乙	油	（名）	4645	丙	有意	（动）
4621	丙	油田	（名）	4646	甲	有意思	
4622	丙	游	（动）	4647	丙	有益	（形）
4623	乙	游览	（动）	4648	乙	有用	
4624	丙	游戏	（名）	4649	丙	友爱	（形、名）
4625	丙	游行	（动、名）	4650	甲	友好	（形）
4626	甲	游泳		4651	甲	友谊	（名）
4627	乙	游泳池	（名）	4652	甲	右	（名）
4628	甲	有	（动）	4653	乙	右边	（名）
4629	甲	有的	（代）	4654	甲	又	（副）
4630	乙	有的是	（动）	4655	丙	幼儿园	（名）
4631	乙	有关	（动）	4656	丙	幼稚	（形）
4632	丙	有机	（形）	4657	乙	于	（介）
4633	乙	有利	（形）	4658	乙	于是	（连）
4634	丙	有两下子		4659	丙	愚蠢	（形）
4635	乙	有力	（形）	4660	丙	余	（动、名、数）
4636	甲	有名	（形）	4661	甲	鱼	（名）
4637	乙	有趣	（形）	4662	甲	愉快	（形）
4638	乙	有时	（副）	4663	丙	渔民	（名）
4639	甲	有时候		4664	丙	娱乐	（动、名）
4640	丙	有限	（形）	4665	甲	雨	（名）

161

4666	乙	雨衣	（名）	4691	丙	冤枉	（动、形）
4667	乙	与	（介、连）	4692	甲	元	（量）
4668	丙	与其	（连）	4693	丙	元旦	（名）
4669	丙	宇宙	（名）	4694	丙	元素	（名）
4670	乙	语调	（名）	4695	丙	元宵	（名）
4671	甲	语法	（名）	4696	乙	员	（名、尾）
4672	乙	语气	（名）			［服务员］	
4673	丙	语文	（名）	4697	甲	原来	（形）
4674	甲	语言	（名）	4698	丙	原理	（名）
4675	乙	语音	（名）	4699	甲	原谅	（动）
4676	乙	羽毛球	（名）	4700	乙	原料	（名）
4677	乙	玉米	（名）	4701	丙	原始	（形）
4678	丙	浴室	（名）	4702	丙	原先	（形）
4679	乙	遇	（动）	4703	乙	原因	（名）
4680	甲	遇到		4704	乙	原则	（名）
4681	乙	遇见		4705	丙	原子	（名）
4682	丙	愈…愈…		4706	丙	原子弹	（名）
4683	丙	寓言	（名）	4707	丙	援助	（动）
4684	丙	预报	（动、名）	4708	丙	园林	（名）
4685	乙	预备	（动）	4709	甲	圆	（形）
4686	丙	预防	（动）	4710	丙	圆满	（形）
4687	丙	预告	（动、名）	4711	乙	圆珠笔	（名）
4688	甲	预习	（动）	4712	丙	猿人	（名）
4689	丙	预先	（副）	4713	丙	缘故	（名）
4690	丙	预祝	（动）	4714	甲	远	（形）

4715	丙	愿	（动、助动）
4716	乙	愿望	（名）
4717	甲	愿意	（助动、动）
4718	丙	怨	（名、动）
4719	乙	院	（名）
4720	乙	院长	（名）
4721	乙	院子	（名）
4722	乙	约	（动、副）
4723	乙	约会	（名）
4724	丙	越	（动）
4725	乙	越…越…	
4726	乙	越来越…	
4727	丙	跃进	（动）
4728	甲	月	（名）
4729	丙	月光	（名）
4730	甲	月亮	（名）
4731	甲	月球	（名）
4732	丙	乐器	（名）
4733	乙	阅读	（动）
4734	乙	阅览室	（名）
4735	甲	云	（名）
4736	乙	允许	（动）
4737	乙	运	（动）
4738	甲	运动	（动、名）
4739	乙	运动会	（名）
4740	乙	运动员	（名）
4741	丙	运气	（名）
4742	乙	运输	（动、名）
4743	乙	运用	（动）
4744	丙	运转	（动）
4745	丙	晕	（动）

Z

4746	丙	砸	（动）
4747	乙	杂	（形、动）
4748	乙	杂技	（名）
4749	丙	杂文	（名）
4750	丙	杂志	（名）
4751	丙	杂质	（名）
4752	丙	栽	（动）
4753	乙	灾	（名）
4754	乙	灾害	（名）
4755	丙	灾难	（名）
4756	丙	载	（动）
4757	丙	载重	（动）
4758	甲	再	（副）
4759	甲	再见	（动）
4760	丙	再三	（副）
4761	丙	再说	（动、连）

4762 甲 在	（介、动）	4787 乙 造句	
4763 甲 在	（副）	4788 丙 责备	（动）
4764 丙 在于	（动）	4789 乙 责任	（名）
4765 丙 在座	（动）	4790 乙 则	（连）
4766 甲 咱	（代）	4791 甲 怎么	（代）
4767 甲 咱们	（代）	4792 甲 怎么样	（代）
4768 乙 暂时	（形）	4793 甲 怎样	（代）
4769 乙 赞成	（动）	4794 丙 增产	
4770 丙 赞美	（动）	4795 甲 增加	（动）
4771 丙 赞扬	（动）	4796 丙 增进	（动）
4772 甲 脏	（形）	4797 丙 增强	（动）
4773 丙 遭	（动）	4798 乙 增长	（动）
4774 乙 遭到	（动）	4799 丙 赠送	（动）
4775 乙 遭受	（动）	4800 乙 扎	（动）
4776 丙 遭遇	（动）	4801 丙 扎实	（形）
4777 丙 糟	（形）	4802 丙 渣	（名）
4778 乙 糟糕	（形）	4803 丙 炸	（动）
4779 丙 凿	（动）	4804 丙 炸	（动）
4780 甲 早	（形）	4805 乙 摘	（动）
4781 甲 早晨（早上）	（名）	4806 乙 窄	（形）
4782 甲 早饭	（名）	4807 丙 债	（名）
4783 丙 早期	（名）	4808 丙 沾	（动）
4784 丙 早晚	（名、副）	4809 乙 粘	（动）
4785 丙 早已	（副）	4810 丙 盏	（量）
4786 乙 造	（动）	4811 丙 崭新	（形）

164

4812	乙	展出	（动）	4836	丙	掌声	（名）
4813	乙	展开		4837	甲	掌握	（动）
4814	甲	展览	（动、名）	4838	乙	涨	（动）
4815	乙	展览会	（名）	4839	乙	丈	（量）
4816	甲	占	（动）	4840	乙	丈夫	（名）
4817	丙	占领	（动）	4841	丙	帐	（名）
4818	丙	占有	（动）	4842	丙	胀	（动）
4819	丙	战场	（名）	4843	丙	障碍	（名、动）
4820	乙	战斗	（动、名）	4844	丙	招	（动）
4821	丙	战略	（名）	4845	乙	招待	（动）
4822	乙	战胜	（动）	4846	乙	招待会	（名）
4823	乙	战士	（名）	4847	乙	招呼	（动）
4824	丙	战术	（名）	4848	丙	招手	
4825	丙	战线	（名）	4849	乙	着	（动）
4826	丙	战友	（名）	4850	甲	着急	（形）
4827	乙	战争	（名）	4851	丙	着凉	
4828	甲	站	（动）	4852	甲	找	（动）
4829	甲	站	（名）	4853	乙	照	（动、介）
4830	乙	章	（量）	4854	乙	照常	（形）
4831	丙	张	（动）	4855	甲	照顾	（动）
4832	甲	张	（量）	4856	丙	照例	（副）
4833	丙	张望	（动）	4857	乙	照片(相片)	（名）
4834	甲	长	（动）	4858	甲	照相	
4835	丙	长	（尾）	4859	丙	照相机	（名）
		[秘书长]		4860	丙	照样	（副）

4861	丙	照耀	（动）	4885	乙	真理	（名）
4862	丙	罩	（名、动）	4886	乙	真实	（形）
4863	丙	召集	（动）	4887	丙	真是	
4864	乙	召开	（动）	4888	甲	真正	（形）
4865	丙	遮	（动）	4889	乙	针	（名）
4866	乙	折	（动）	4890	乙	针对	（动）
4867	丙	折合	（动）	4891	丙	针灸	（名、动）
4868	丙	折磨	（动、名）	4892	丙	枕头	（名）
4869	乙	哲学	（名）	4893	丙	震	（动）
4870	丙	者	（名、尾）	4894	丙	震动	（动）
		［爱好者］		4895	丙	振动	（动）
4871	甲	这	（代）	4896	丙	镇	（名）
4872	乙	这边	（代）	4897	丙	镇静	（形）
4873	甲	这个	（代）	4898	丙	镇压	（动）
4874	丙	这会儿	（名）	4899	乙	阵	（量、名）
4875	甲	这里(这儿)	（代）	4900	丙	阵地	（名）
4876	甲	这么	（代）	4901	丙	蒸发	（动）
4877	甲	这些	（代）	4902	丙	蒸汽	（名）
4878	甲	这样	（代）	4903	丙	挣	（动）
4879	丙	这样一来		4904	丙	挣扎	（动）
4880	甲	着	（助）	4905	乙	睁	（动）
4881	丙	珍贵	（形）	4906	丙	征服	（动）
4882	丙	珍惜	（动）	4907	乙	征求	（动）
4883	丙	珍珠	（名）	4908	乙	争	（动）
4884	甲	真	（副）	4909	丙	争夺	（动）

4910 乙 争论	（动、名）	4935 丙 症状	（名）
4911 乙 争取	（动）	4936 丙 挣	（名）
4912 丙 整	（形、动）	4937 丙 证件	（名）
4913 丙 整顿	（动、名）	4938 丙 证据	（名）
4914 丙 整风		4939 乙 证明	（动、名）
4915 乙 整个	（形）	4940 丙 证实	（动）
4916 乙 整理	（动）	4941 丙 证书	（名）
4917 甲 整齐	（形）	4942 甲 只	（量）
4918 丙 整体	（名）	4943 丙 枝	（名、量）
4919 甲 正	（副）	4944 丙 支	（动）
4920 乙 正	（形）	4945 甲 支	（量）
4921 乙 正常	（形）	4946 乙 支持	（动）
4922 丙 正当	（形）	4947 丙 支配	（动）
4923 乙 正好	（形）	4948 乙 支援	（动、名）
4924 丙 正经	（形）	4949 丙 知	（动）
4925 丙 正面	（名、形）	4950 甲 知道	（动）
4926 甲 正确	（形）	4951 甲 知识	（名）
4927 乙 正式	（形）	4952 丙 知识分子	（名）
4928 丙 正义	（形、名）	4953 丙 之	（助）
4929 甲 正在	（副）	4954 丙 之	（代）
4930 乙 政策	（名）	4955 乙 之后	
4931 丙 政党	（名）	4956 甲 之间	
4932 甲 政府	（名）	4957 丙 之类	
4933 丙 政权	（名）	4958 丙 之内	
4934 甲 政治	（名）	4959 乙 之前	

4960 乙 之上		
4961 丙 之外		
4962 乙 之下		
4963 乙 之一		
4964 乙 之中		
4965 乙 织	（动）	
4966 乙 职工	（名）	
4967 乙 职业	（名）	
4968 丙 职员	（名）	
4969 乙 直	（动、形）	
4970 乙 直	（副）	
4971 丙 直达	（动）	
4972 乙 直到	（动）	
4973 乙 直接	（形）	
4974 丙 直径	（名）	
4975 乙 植物	（名）	
4976 丙 殖民地	（名）	
4977 乙 执行	（动）	
4978 丙 指头	（名）	
4979 丙 值	（动）	
4980 乙 值得	（动）	
4981 甲 指	（动）	
4982 丙 指标	（名）	
4983 乙 指出	（动）	
4984 乙 指导	（动、名）	

4985 丙 指点	（动）	
4986 乙 指挥	（动、名）	
4987 丙 指南针	（名）	
4988 乙 指示	（名、动）	
4989 丙 指引	（动）	
4990 乙 止	（动）	
4991 甲 只	（副）	
4992 丙 只得	（副）	
4993 甲 只好	（副）	
4994 乙 只是	（副、连）	
4995 乙 只要	（连）	
4996 乙 只有	（副、连）	
4997 甲 纸	（名）	
4998 丙 志愿	（名）	
4999 乙 至	（动）	
5000 乙 至今		
5001 乙 至少	（副）	
5002 丙 至于	（连、副）	
5003 丙 致	（动）	
5004 丙 制	（动、名、尾）	
［所有制］		
5005 乙 制定	（动）	
5006 乙 制订	（动）	
5007 乙 制度	（名）	
5008 乙 制造	（动）	

168

5009	丙	制止	（动）	5034	甲	钟头	（名）
5010	丙	制作	（动）	5035	丙	衷心	（形）
5011	丙	智慧	（名）	5036	丙	终身	（名）
5012	乙	秩序	（名）	5037	乙	终于	（副）
5013	丙	质	（名）	5038	甲	种	（名、量）
5014	乙	质量	（名）	5039	丙	种类	（名）
5015	乙	治	（动）	5040	乙	种子	（名）
5016	丙	治疗	（动）	5041	丙	肿	（动）
5017	甲	中	（名、形）	5042	丙	中	（动）
5018	丙	中部	（名）	5043	乙	种	（动）
5019	乙	中餐	（名）	5044	丙	种植	（动）
5020	丙	中断	（动）	5045	甲	重	（形）
5021	甲	中间	（名）	5046	乙	重大	（形）
5022	丙	中年	（名）	5047	乙	重点	（名、形）
5023	甲	中文	（名）	5048	乙	重量	（名）
5024	甲	中午	（名）	5049	乙	重视	（动）
5025	乙	中心	（名）	5050	甲	重要	（形）
5026	甲	中学	（名）	5051	甲	周	（名）
5027	丙	中旬	（名）	5052	乙	周到	（形）
5028	乙	中央	（名）	5053	丙	周末	（名）
5029	乙	中药	（名）	5054	丙	周年	（名）
5030	丙	中医	（名）	5055	甲	周围	（名）
5031	丙	忠诚	（形、动）	5056	丙	粥	（名）
5032	丙	忠实	（形）	5057	丙	皱	（动）
5033	甲	钟	（名）	5058	丙	皱纹	（名）

5059	乙	株	(量)	5084	乙	住院	
5060	甲	猪	(名)	5085	丙	住宅	(名)
5061	乙	逐步	(副)	5086	丙	注射	(动)
5062	乙	逐渐	(副)	5087	丙	注视	(动)
5063	乙	竹子	(名)	5088	甲	注意	(动)
5064	乙	煮	(动)	5089	甲	祝	(动)
5065	丙	嘱咐	(动)	5090	乙	祝贺	(动、名)
5066	丙	主持	(动)	5091	丙	祝愿	(动、名)
5067	乙	主动	(形)	5092	丙	驻	(动)
5068	乙	主观	(名、形)	5093	乙	抓	(动)
5069	丙	主力	(名)	5094	乙	抓紧	(动)
5070	丙	主权	(名)	5095	丙	专	(形、动)
5071	乙	主人	(名)	5096	乙	专家	(名)
5072	乙	主任	(名)	5097	乙	专门	(形)
5073	乙	主席	(名)	5098	乙	专心	(形)
5074	甲	主要	(形)	5099	乙	专业	(名)
5075	甲	主意	(名)	5100	丙	专政	(名、动)
5076	乙	主张	(动、名)	5101	丙	砖	(名)
5077	乙	著名	(形)	5102	乙	转	(动)
5078	乙	著作	(名)	5103	乙	转变	(动)
5079	丙	柱子	(名)	5104	丙	转播	(动)
5080	丙	助	(动)	5105	丙	转达	(动)
5081	丙	助手	(名)	5106	丙	转动	(动)
5082	丙	铸	(动)	5107	乙	转告	(动)
5083	甲	住	(动)	5108	丙	转化	(动)

170

5109 丙 转入	（动）	5134 乙 准时	（形）
5110 丙 转弯儿		5135 乙 捉	（动）
5111 丙 转移	（动）	5136 甲 桌子	（名）
5112 丙 赚	（动）	5137 丙 着手	（动）
5113 乙 转	（动）	5138 丙 着重	（动）
5114 丙 转动	（动）	5139 丙 资本	（名）
5115 丙 桩	（名、量）	5140 丙 资本家	（名）
5116 乙 庄稼	（名）	5141 丙 资本主义	（名）
5117 乙 庄严	（形）	5142 丙 资产阶级	（名）
5118 甲 装	（动）	5143 丙 资格	（名）
5119 丙 装备	（动、名）	5144 丙 资金	（名）
5120 丙 装饰	（动、名）	5145 乙 资料	（名）
5121 丙 装置	（动、名）	5146 乙 资源	（名）
5122 乙 撞	（动）	5147 丙 姿势	（名）
5123 丙 幢	（量）	5148 丙 姿态	（名）
5124 丙 壮	（形、动）	5149 乙 紫	（形）
5125 丙 壮大	（动、形）	5150 乙 仔细	（形）
5126 丙 壮丽	（形）	5151 丙 子	（名）
5127 乙 状况	（名）	5152 丙 子弹	（名）
5128 乙 状态	（名）	5153 乙 自	（介）
5129 乙 追	（动）	5154 乙 自从	（介）
5130 丙 追求	（动）	5155 乙 自动	（形）
5131 乙 准	（形、动）	5156 乙 自费	（形）
5132 甲 准备	（动、名）	5157 丙 自豪	（形）
5133 乙 准确	（形）	5158 甲 自己	（代）

5159 乙 自觉	（动、形）	5184 丙 总得	（助动）
5160 丙 自来水	（名）	5185 丙 总而言之	
5161 丙 自满	（形）	5186 丙 总共	（副）
5162 乙 自然	（名、形）	5187 乙 总结	（动、名）
5163 丙 自身	（名）	5188 乙 总理	（名）
5164 丙 自始至终		5189 甲 总（是）	（副）
5165 丙 自私	（形）	5190 丙 总算	（副）
5166 乙 自我	（代）	5191 乙 总统	（名）
5167 丙 自相矛盾		5192 丙 总之	（连）
5168 丙 自信	（动、形）	5193 甲 走	（动）
5169 甲 自行车	（名）	5194 乙 走道	
5170 乙 自学	（动）	5195 丙 走后门儿	
5171 丙 自言自语		5196 丙 走廊	（名）
5172 乙 自由	（名、形）	5197 丙 走弯路	
5173 丙 自愿	（动）	5198 丙 租	（动、名）
5174 丙 自治	（动）	5199 丙 足	（形）
5175 丙 自治区	（名）	5200 丙 足	（名）
5176 丙 自主	（动）	5201 甲 足球	（名）
5177 甲 字	（名）	5202 丙 祖父	（名）
5178 丙 字典	（名）	5203 甲 祖国	（名）
5179 丙 字母	（名）	5204 丙 祖母	（名）
5180 丙 宗教	（名）	5205 丙 祖先	（名）
5181 丙 宗派	（名）	5206 丙 阻碍	（动、名）
5182 乙 综合	（动）	5207 丙 阻力	（名）
5183 丙 总	（动、形）	5208 丙 阻止	（动）

5209 乙	组	（动、名）	5234 乙	做法	（名）
5210 丙	组成	（动）	5235 乙	做客	
5211 丙	组长	（名）	5236 乙	做梦	
5212 甲	组织	（动、名）	5237 甲	作	（动）
5213 乙	钻	（动）	5238 丙	作风	（名）
5214 乙	钻研	（动）	5239 乙	作家	（名）
5215 甲	嘴	（名）	5240 乙	作品	（名）
5216 丙	嘴唇	（名）	5241 乙	作为	（动、介）
5217 乙	醉	（动）	5242 乙	作文	
5218 甲	最	（副）	5243 丙	作物	（名）
5219 甲	最初	（名）	5244 甲	作业	（名）
5220 乙	最好	（副）	5245 乙	作用	（名、动）
5221 甲	最后	（名）	5246 丙	作战	
5222 甲	最近	（名）	5247 乙	作者	（名）
5223 丙	罪	（名）	5248 甲	坐	（动）
5224 丙	罪恶	（名）	5249 乙	坐班	
5225 丙	罪行	（名）	5250 甲	座	（量）
5226 乙	尊敬	（动）	5251 丙	座儿	（名）
5227 丙	尊重	（动）	5252 乙	座谈	（动）
5228 乙	遵守	（动）	5253 乙	座位	（名）
5229 甲	昨天	（名）			
5230 甲	左	（名）			
5231 乙	左边	（名）			
5232 乙	左右	（助、动）			
5233 甲	做	（动）			

HSK 常用汉字一览表

甲级字 800，乙级字 804，丙级字 601，甲、乙、丙三级字共计 2205。

1	乙 阿	22	乙 巴	43	甲 半	64	乙 碑
2	甲 啊	23	乙 拔	44	甲 办	65	乙 悲
3	乙 挨	24	甲 把	45	甲 帮	66	甲 北
4	乙 哎	25	丙 坝	46	乙 榜	67	丙 辈
5	丙 唉	26	丙 罢	47	乙 膀	68	乙 背
6	丙 哀	27	甲 爸	48	丙 绑	69	甲 倍
7	丙 癌	28	甲 吧	49	丙 棒	70	甲 备
8	甲 矮	29	甲 白	50	丙 磅	71	甲 被
9	丙 碍	30	丙 柏	51	乙 傍	72	丙 奔
10	甲 爱	31	甲 百	52	丙 胞	73	甲 本
11	甲 安	32	甲 摆	53	甲 包	74	乙 笨
12	乙 按	33	乙 败	54	丙 剥	75	丙 甭
13	乙 暗	34	乙 拜	55	乙 薄	76	乙 逼
14	乙 岸	35	甲 班	56	乙 保	77	乙 鼻
15	乙 案	36	甲 搬	57	甲 饱	78	甲 比
16	丙 熬	37	甲 般	58	乙 宝	79	甲 笔
17	乙 傲	38	甲 板	59	甲 抱	80	丙 彼
18	丙 奥	39	乙 版	60	甲 报	81	乙 毕
19	丙 扒	40	乙 扮	61	丙 暴	82	乙 币
20	丙 叭	41	丙 伴	62	丙 爆	83	乙 闭
21	甲 八	42	丙 瓣	63	甲 杯	84	甲 必

85 乙 辟	110 丙 波	135 甲 参	160 乙 拆
86 乙 壁	111 丙 博	136 丙 蚕	161 乙 柴
87 乙 避	112 丙 勃	137 丙 残	162 丙 铲
88 甲 边	113 乙 伯	138 丙 惭	163 甲 产
89 乙 编	114 乙 脖	139 丙 惨	164 丙 颤
90 乙 扁	115 乙 膊	140 丙 灿	165 乙 尝
91 甲 便	116 乙 捕	141 丙 苍	166 甲 常
92 甲 变	117 乙 卜	142 丙 舱	167 甲 长
93 丙 辩	118 乙 补	143 丙 仓	168 丙 偿
94 甲 遍	119 甲 不	144 乙 藏	169 乙 肠
95 乙 标	120 甲 布	145 甲 操	170 甲 厂
96 甲 表	121 甲 步	146 甲 草	171 甲 场
97 甲 别	122 甲 部	147 乙 厕	172 丙 畅
98 乙 宾	123 丙 怖	148 乙 策	173 甲 唱
99 乙 兵	124 甲 擦	149 丙 侧	174 乙 倡
100 乙 冰	125 乙 猜	150 乙 册	175 乙 超
101 丙 柄	126 丙 裁	151 乙 测	176 乙 抄
102 丙 丙	127 乙 材	152 乙 曾	177 丙 钞
103 乙 饼	128 甲 才	153 甲 层	178 甲 朝
104 甲 病	129 丙 财	154 乙 插	179 丙 潮
105 乙 并	130 乙 踩	155 乙 叉	180 乙 吵
106 乙 玻	131 乙 采	156 甲 茶	181 丙 炒
107 丙 菠	132 甲 彩	157 甲 查	182 甲 车
108 甲 播	133 甲 菜	158 乙 察	183 丙 扯
109 丙 拨	134 乙 餐	159 甲 差	184 丙 撤

185	乙	彻	210	乙	充	235	乙	闯	260	丙	摧
186	丙	尘	211	乙	冲	236	乙	创	261	乙	催
187	甲	晨	212	乙	虫	237	甲	吹	262	乙	脆
188	乙	沉	213	乙	崇	238	丙	垂	263	甲	村
189	丙	陈	214	甲	抽	239	甲	春	264	乙	存
190	乙	趁	215	丙	酬	240	丙	唇	265	乙	寸
191	乙	衬	216	乙	愁	241	丙	纯	266	丙	搓
192	丙	撑	217	丙	仇	242	丙	蠢	267	乙	措
193	乙	称	218	丙	丑	243	甲	磁	268	丙	挫
194	甲	城	219	乙	臭	244	丙	辞	269	甲	错
195	甲	成	220	甲	初	245	丙	瓷	270	乙	搭
196	乙	乘	221	甲	出	246	甲	词	271	乙	达
197	乙	程	222	乙	厨	247	乙	此	272	甲	答
198	乙	诚	223	甲	除	248	乙	刺	273	甲	打
199	乙	承	224	甲	楚	249	甲	次	274	甲	大
200	甲	吃	225	甲	础	250	乙	聪	275	乙	呆
201	甲	持	226	乙	触	251	丙	囱	276	甲	戴
202	丙	匙	227	甲	处	252	丙	匆	277	甲	带
203	乙	池	228	甲	穿	253	甲	从	278	甲	代
204	甲	迟	229	乙	传	254	丙	丛	279	乙	袋
205	丙	齿	230	甲	船	255	丙	凑	280	乙	待
206	乙	尺	231	丙	喘	256	乙	粗	281	丙	逮
207	丙	赤	232	丙	串	257	乙	醋	282	丙	耽
208	乙	翅	233	甲	窗	258	乙	促	283	乙	担
209	丙	斥	234	甲	床	259	丙	窜	284	甲	单

176

285 乙 胆	310 乙 登	335 乙 吊	360 甲 都
286 丙 旦	311 甲 等	336 乙 钓	361 丙 督
287 甲 但	312 丙 瞪	337 甲 调	362 丙 毒
288 乙 淡	313 丙 凳	338 乙 跌	363 乙 独
289 丙 诞	314 丙 堤	339 丙 爹	364 甲 读
290 乙 弹	315 甲 低	340 丙 蝶	365 乙 堵
291 甲 蛋	316 乙 滴	341 乙 叠	366 乙 肚
292 甲 当	317 乙 敌	342 丙 丁	367 甲 度
293 乙 挡	318 丙 抵	343 丙 盯	368 乙 渡
294 乙 党	319 乙 底	344 丙 钉	369 乙 端
295 丙 档	320 甲 地	345 乙 顶	370 甲 短
296 甲 刀	321 甲 第	346 甲 定	371 甲 锻
297 丙 蹈	322 乙 帝	347 乙 订	372 甲 段
298 甲 倒	323 甲 弟	348 甲 丢	373 乙 断
299 乙 岛	324 乙 递	349 甲 东	374 乙 堆
300 甲 导	325 甲 点	350 甲 冬	375 丙 兑
301 甲 到	326 甲 典	351 甲 懂	376 乙 队
302 乙 稻	327 丙 垫	352 甲 动	377 甲 对
303 甲 道	328 甲 电	353 乙 冻	378 乙 吨
304 乙 盗	329 甲 店	354 乙 洞	379 乙 蹲
305 乙 德	330 丙 惦	355 乙 抖	380 甲 顿
306 甲 得	331 丙 奠	356 丙 陡	381 乙 盾
307 甲 的	332 丙 殿	357 乙 斗	382 丙 哆
308 丙 蹬	333 丙 雕	358 乙 豆	383 甲 多
309 甲 灯	334 甲 掉	359 乙 逗	384 乙 夺

385	乙	躲	410	甲	饭	435	乙	份	460	甲	府
386	乙	朵	411	乙	泛	436	乙	愤	461	乙	腐
387	乙	鹅	412	甲	方	437	丙	粪	462	乙	副
388	丙	俄	413	甲	房	438	甲	丰	463	甲	复
389	丙	额	414	乙	防	439	甲	封	464	甲	傅
390	丙	恶	415	丙	妨	440	乙	蜂	465	乙	付
391	甲	饿	416	乙	仿	441	丙	峰	466	甲	父
392	甲	而	417	甲	访	442	甲	风	467	甲	负
393	甲	儿	418	乙	纺	443	丙	疯	468	甲	富
394	乙	耳	419	甲	放	444	乙	逢	469	甲	附
395	丙	尔	420	甲	非	445	丙	缝	470	乙	妇
396	甲	二	421	甲	啡	446	丙	讽	471	丙	缚
397	甲	发	422	甲	飞	447	乙	佛	472	乙	咐
398	丙	罚	423	乙	肥	448	乙	否	473	乙	该
399	乙	乏	424	乙	肺	449	甲	夫	474	甲	改
400	甲	法	425	丙	废	450	乙	肤	475	甲	概
401	丙	番	426	丙	沸	451	乙	扶	476	乙	盖
402	甲	翻	427	乙	费	452	乙	幅	477	丙	溉
403	乙	繁	428	乙	吩	453	乙	符	478	甲	干
404	乙	凡	429	丙	氛	454	甲	服	479	丙	甘
405	甲	烦	430	甲	分	455	乙	浮	480	乙	杆
406	甲	反	431	乙	纷	456	甲	福	481	乙	肝
407	丙	返	432	丙	坟	457	丙	祓	482	乙	赶
408	乙	范	433	乙	粉	458	甲	辅	483	甲	感
409	乙	犯	434	乙	奋	459	丙	俯	484	甲	敢

485	甲	刚	510	甲	根	535	乙	鼓	560	乙	贯
486	甲	钢	511	甲	跟	536	乙	古	561	乙	光
487	丙	缸	512	丙	耕	537	乙	骨	562	甲	广
488	丙	纲	513	甲	更	538	丙	谷	563	乙	逛
489	丙	岗	514	甲	工	539	丙	股	564	乙	规
490	乙	港	515	乙	攻	540	甲	故	565	丙	归
491	甲	高	516	乙	功	541	甲	顾	566	丙	轨
492	丙	膏	517	乙	供	542	乙	固	567	乙	鬼
493	乙	糕	518	甲	公	543	丙	雇	568	丙	柜
494	甲	搞	519	丙	宫	544	甲	刮	569	乙	跪
495	丙	稿	520	丙	弓	545	乙	瓜	570	甲	贵
496	甲	告	521	乙	巩	546	丙	寡	571	乙	滚
497	甲	哥	522	乙	贡	547	甲	挂	572	丙	棍
498	甲	歌	523	甲	共	548	丙	乖	573	乙	锅
499	乙	搁	524	丙	钩	549	乙	拐	574	甲	国
500	丙	鸽	525	丙	勾	550	乙	怪	575	甲	果
501	乙	胳	526	丙	沟	551	甲	关	576	丙	裹
502	乙	割	527	乙	狗	552	乙	官	577	甲	过
503	乙	革	528	乙	构	553	乙	冠	578	甲	哈
504	乙	格	529	乙	购	554	甲	观	579	甲	孩
505	乙	隔	530	甲	够	555	乙	管	580	甲	海
506	丙	葛	531	丙	辜	556	甲	馆	581	乙	害
507	甲	个	532	乙	估	557	乙	罐	582	乙	含
508	甲	各	533	丙	孤	558	甲	惯	583	甲	寒
509	甲	给	534	甲	姑	559	丙	灌	584	甲	喊

585	丙	旱	610	丙	狠	635	甲	户
586	丙	憾	611	乙	恨	636	甲	花
587	丙	焊	612	乙	哼	637	丙	哗
588	乙	汗	613	丙	横	638	丙	华
589	甲	汉	614	丙	衡	639	丙	猾
590	乙	航	615	丙	洪	640	乙	滑
591	丙	豪	616	丙	宏	641	甲	画
592	乙	毫	617	甲	红	642	甲	划
593	甲	好	618	丙	喉	643	甲	化
594	丙	耗	619	乙	猴	644	甲	话
595	甲	号	620	丙	吼	645	丙	怀
596	丙	呵	621	乙	厚	646	甲	坏
597	甲	喝	622	甲	候	647	甲	欢
598	丙	核	623	甲	后	648	乙	环
599	甲	和	624	乙	呼	649	甲	还
600	甲	何	625	乙	乎	650	丙	缓
601	甲	合	626	甲	忽	651	甲	换
602	乙	盒	627	乙	壶	652	丙	患
603	丙	阂	628	乙	胡	653	丙	唤
604	甲	河	629	丙	蝴	654	丙	幻
605	乙	贺	630	乙	糊	655	丙	荒
606	乙	嘿	631	甲	湖	656	乙	慌
607	甲	黑	632	乙	虎	657	甲	黄
608	丙	痕	633	乙	护	658	乙	皇
609	甲	很	634	甲	互	659	丙	煌 ·

660	丙	晃
661	乙	灰
662	乙	挥
663	乙	辉
664	乙	恢
665	甲	回
666	丙	毁
667	乙	悔
668	丙	慧
669	甲	会
670	丙	汇
671	乙	昏
672	乙	婚
673	丙	魂
674	丙	浑
675	乙	混
676	甲	活
677	乙	伙
678	甲	火
679	乙	获
680	甲	或
681	乙	货
682	乙	击
683	乙	圾
684	甲	基

685	甲	机	710	甲	计	735	乙	艰
686	乙	积	711	甲	记	736	甲	检
687	丙	肌	712	乙	既	737	丙	碱
688	丙	饥	713	乙	际	738	乙	拣
689	乙	激	714	甲	继	739	乙	捡
690	甲	鸡	715	甲	纪	740	甲	简
691	甲	极	716	乙	夹	741	乙	剪
692	丙	辑	717	丙	佳	742	乙	减
693	丙	籍	718	甲	家	743	丙	荐
694	甲	集	719	甲	加	744	丙	鉴
695	乙	及	720	丙	甲	745	甲	践
696	甲	急	721	甲	假	746	丙	贱
697	丙	疾	722	乙	稼	747	甲	见
698	乙	即	723	乙	价	748	乙	键
699	甲	级	724	乙	架	749	乙	箭
700	甲	挤	725	甲	驾	750	甲	件
701	甲	几	726	丙	嫁	751	甲	健
702	甲	己	727	丙	歼	752	丙	舰
703	乙	迹	728	丙	监	753	乙	渐
704	甲	绩	729	甲	坚	754	丙	溅
705	甲	技	730	乙	尖	755	甲	建
706	乙	季	731	甲	间	756	丙	僵
707	甲	济	732	丙	煎	757	甲	将
708	甲	寄	733	丙	兼	758	丙	浆
709	丙	寂	734	乙	肩	759	甲	江

760	丙	疆
761	乙	奖
762	甲	讲
763	乙	酱
764	乙	降
766	丙	椒
767	丙	焦
768	丙	胶
769	甲	交
770	乙	郊
771	丙	浇
772	乙	骄
773	丙	搅
774	甲	脚
775	丙	狡
776	甲	角
777	甲	饺
778	甲	教
779	甲	较
780	甲	叫
781	丙	揭
782	甲	接
783	甲	街
784	乙	阶
785	丙	截

786 甲 节	811 甲 睛	836 甲 旧	861 乙 菌
787 丙 捷	812 丙 鲸	837 丙 舅	862 乙 军
788 丙 竭	813 乙 京	838 甲 就	863 甲 咖
789 丙 洁	814 乙 惊	839 乙 居	864 甲 卡
790 甲 结	815 甲 精	840 甲 橘	865 甲 开
791 甲 解	816 甲 经	841 甲 桔	866 丙 刊
792 甲 姐	817 乙 井	842 甲 局	867 乙 砍
793 甲 界	818 乙 警	843 丙 矩	868 甲 看
794 甲 借	819 乙 景	844 甲 举	869 甲 康
795 甲 介	820 甲 静	845 丙 聚	870 乙 扛
796 乙 届	821 乙 境	846 乙 拒	871 乙 抗
797 乙 巾	822 乙 敬	847 乙 据	872 甲 考
798 丙 筋	823 乙 镜	848 乙 巨	873 甲 烤
799 甲 斤	824 丙 径	849 乙 具	874 甲 靠
800 乙 金	825 乙 竟	850 乙 距	875 甲 棵
801 甲 今	826 乙 竞	851 乙 俱	876 乙 颗
802 甲 紧	827 甲 净	852 甲 句	877 甲 科
803 乙 仅	828 丙 揪	853 乙 剧	878 丙 壳
804 丙 谨	829 甲 究	854 乙 卷	879 甲 咳
805 甲 进	830 乙 纠	855 丙 倦	880 甲 可
806 乙 禁	831 甲 久	856 乙 绢	881 甲 渴
807 甲 近	832 丙 灸	857 甲 觉	882 甲 克
808 丙 浸	833 甲 九	858 甲 决	883 甲 刻
809 乙 尽	834 甲 酒	859 乙 绝	884 甲 客
810 乙 劲	835 乙 救	860 乙 均	885 甲 课

886 乙 肯	911 丙 狂	936 乙 烂	961 甲 里
887 乙 恳	912 乙 矿	937 丙 滥	962 甲 礼
888 丙 坑	913 甲 况	938 乙 狼	963 乙 丽
889 甲 空	914 丙 亏	939 丙 廊	964 乙 厉
890 乙 恐	915 丙 愧	940 乙 郎	965 乙 励
891 乙 孔	916 丙 昆	941 乙 朗	966 甲 历
892 乙 控	917 乙 捆	942 乙 浪	967 甲 利
893 甲 口	918 甲 困	943 乙 捞	968 甲 例
894 乙 扣	919 乙 括	944 甲 劳	969 甲 立
895 丙 枯	920 乙 扩	945 丙 牢	970 乙 粒
896 甲 哭	921 丙 廓	946 甲 老	971 丙 隶
897 丙 窟	922 乙 阔	947 丙 姥	972 甲 力
898 甲 苦	923 乙 垃	948 甲 乐	973 乙 璃
899 丙 酷	924 甲 拉	949 乙 雷	974 乙 哩
900 丙 库	925 丙 喇	950 甲 累	975 甲 俩
901 乙 裤	926 丙 蜡	951 乙 类	976 甲 联
902 丙 夸	927 丙 辣	952 乙 泪	977 甲 连
903 丙 垮	928 甲 啦	953 甲 冷	978 乙 怜
904 乙 跨	929 甲 来	954 丙 愣	979 丙 帘
905 甲 块	930 甲 蓝	955 乙 厘	980 甲 脸
906 乙 筷	931 乙 拦	956 乙 梨	981 乙 恋
907 甲 快	932 甲 篮	957 丙 黎	982 甲 炼
908 乙 宽	933 丙 兰	958 甲 离	983 甲 练
909 乙 款	934 甲 览	959 甲 理	984 乙 粮
910 丙 筐	935 乙 懒	960 乙 李	985 甲 凉

986	乙	梁	1011	乙	灵	1036	乙	陆	1061	甲	嘛
987	丙	梁	1012	丙	陵	1037	丙	驴	1062	甲	吗
988	乙	良	1013	甲	领	1038	丙	铝	1063	甲	埋
989	甲	两	1014	乙	另	1039	甲	旅	1064	甲	买
990	甲	辆	1015	乙	令	1040	乙	虑	1065	乙	麦
991	乙	量	1016	丙	溜	1041	乙	律	1066	甲	卖
992	甲	亮	1017	丙	刘	1042	乙	率	1067	乙	迈
993	甲	谅	1018	甲	留	1043	甲	绿	1068	乙	脉
994	乙	聊	1019	甲	流	1044	丙	卵	1069	丙	瞒
995	丙	僚	1020	丙	柳	1045	甲	乱	1070	乙	馒
996	丙	疗	1021	甲	六	1046	丙	掠	1071	甲	满
997	甲	了	1022	乙	龙	1047	乙	略	1072	甲	慢
998	乙	料	1023	丙	咙	1048	乙	轮	1073	丙	漫
999	乙	列	1024	丙	笼	1049	甲	论	1074	丙	盲
1000	丙	裂	1025	丙	窿	1050	乙	萝	1075	丙	氓
1001	乙	烈	1026	丙	垄	1051	丙	逻	1076	甲	忙
1002	丙	劣	1027	丙	拢	1052	丙	锣	1077	乙	猫
1003	丙	猎	1028	甲	楼	1053	乙	落	1078	丙	茅
1004	乙	林	1029	丙	搂	1054	丙	骆	1079	甲	毛
1005	乙	临	1030	乙	漏	1055	丙	络	1080	乙	矛
1006	乙	邻	1031	丙	炉	1056	甲	妈	1081	甲	冒
1007	丙	淋	1032	乙	露	1057	甲	麻	1082	甲	帽
1008	甲	零	1033	丙	喽	1058	乙	码	1083	乙	貌
1009	乙	龄	1034	甲	路	1059	甲	马	1084	乙	贸
1010	乙	铃	1035	甲	录	1060	乙	骂	1085	甲	么

1086	丙	梅	1111	丙	眠	1136	乙	漠	1161	甲	呢
1087	丙	霉	1112	乙	免	1137	丙	寞	1162	甲	内
1088	乙	煤	1113	丙	勉	1138	丙	陌	1163	丙	嫩
1089	甲	没	1114	甲	面	1139	丙	谋	1164	甲	能
1090	丙	眉	1115	丙	苗	1140	乙	某	1165	甲	嗯
1091	甲	每	1116	乙	描	1141	乙	亩	1166	乙	泥
1092	乙	美	1117	乙	秒	1142	甲	母	1167	甲	你
1093	甲	妹	1118	乙	庙	1143	丙	墓	1168	甲	年
1094	甲	门	1119	乙	妙	1144	丙	幕	1169	甲	念
1095	丙	闷	1120	丙	蔑	1145	乙	慕	1170	甲	娘
1096	甲	们	1121	乙	灭	1146	乙	木	1171	乙	鸟
1097	丙	蒙	1122	甲	民	1147	甲	目	1172	丙	捏
1098	丙	盟	1123	丙	敏	1148	丙	牧	1173	甲	您
1099	丙	猛	1124	甲	明	1149	甲	拿	1174	丙	凝
1100	乙	梦	1125	丙	鸣	1150	甲	哪	1175	丙	宁
1101	丙	孟	1126	甲	名	1151	甲	那	1176	丙	拧
1102	丙	眯	1127	乙	命	1152	甲	呐	1177	甲	牛
1103	乙	迷	1128	乙	摸	1153	甲	奶	1178	乙	扭
1104	丙	谜	1129	乙	模	1154	乙	耐	1179	乙	浓
1105	甲	米	1130	乙	磨	1155	丙	奈	1180	甲	农
1106	乙	秘	1131	丙	摩	1156	甲	南	1181	乙	弄
1107	丙	泌	1132	丙	抹	1157	甲	男	1182	丙	奴
1108	乙	蜜	1133	丙	末	1158	甲	难	1183	甲	努
1109	乙	密	1134	乙	墨	1159	乙	脑	1184	乙	怒
1110	乙	棉	1135	乙	默	1160	乙	闹	1185	甲	女

1186	甲	暖	1211	丙	培	1236	乙	骗	1261	乙	欺
1187	丙	哦	1212	乙	赔	1237	乙	飘	1262	乙	戚
1188	丙	欧	1213	乙	陪	1238	甲	漂	1263	乙	妻
1189	丙	偶	1214	乙	配	1239	甲	票	1264	甲	七
1190	丙	噢	1215	丙	佩	1240	乙	拼	1265	丙	漆
1191	丙	趴	1216	乙	喷	1241	丙	贫	1266	甲	其
1192	甲	爬	1217	乙	盆	1242	乙	品	1267	丙	棋
1193	甲	怕	1218	丙	蓬	1243	乙	乒	1268	乙	奇
1194	甲	拍	1219	丙	棚	1244	甲	苹	1269	甲	齐
1195	甲	排	1220	丙	膨	1245	甲	平	1270	乙	旗
1196	乙	牌	1221	甲	朋	1246	丙	凭	1271	甲	骑
1197	甲	派	1222	乙	捧	1247	甲	瓶	1272	甲	起
1198	丙	攀	1223	甲	碰	1248	甲	评	1273	乙	企
1199	乙	盘	1224	甲	批	1249	乙	坡	1274	乙	启
1200	乙	盼	1225	乙	披	1250	乙	泼	1275	甲	器
1201	丙	畔	1226	甲	啤	1251	丙	婆	1276	甲	气
1202	乙	判	1227	乙	脾	1252	甲	破	1277	乙	弃
1203	乙	乓	1228	乙	疲	1253	乙	迫	1278	甲	汽
1204	甲	旁	1229	乙	皮	1254	丙	剖	1279	丙	恰
1205	乙	胖	1230	乙	匹	1255	乙	扑	1280	乙	牵
1206	丙	抛	1231	丙	屁	1256	乙	铺	1281	甲	铅
1207	丙	袍	1232	丙	譬	1257	丙	葡	1282	甲	千
1208	甲	跑	1233	甲	篇	1258	乙	朴	1283	乙	签
1209	乙	炮	1234	乙	偏	1259	乙	普	1284	丙	谦
1210	丙	泡	1235	甲	片	1260	甲	期	1285	甲	钱

1286	甲	前	1311	丙	倾	1336	乙	缺	1361	甲	容
1287	甲	浅	1312	甲	清	1337	乙	却	1362	丙	揉
1288	乙	欠	1313	甲	晴	1338	甲	确	1363	丙	柔
1289	乙	歉	1314	甲	情	1339	乙	裙	1364	甲	肉
1290	乙	枪	1315	丙	顷	1340	乙	群	1365	甲	如
1291	丙	腔	1316	甲	请	1341	甲	然	1366	丙	辱
1292	甲	墙	1317	乙	庆	1342	乙	燃	1367	乙	入
1293	乙	强	1318	乙	穷	1343	乙	染	1368	乙	软
1294	乙	抢	1319	甲	秋	1344	丙	壤	1369	乙	锐
1295	乙	敲	1320	丙	丘	1345	乙	嚷	1370	丙	润
1296	乙	悄	1321	甲	球	1346	甲	让	1371	丙	若
1297	甲	桥	1322	甲	求	1347	丙	饶	1372	乙	弱
1298	乙	瞧	1323	乙	区	1348	乙	扰	1373	乙	撒
1299	丙	侨	1324	丙	曲	1349	乙	绕	1374	乙	洒
1300	乙	巧	1325	丙	屈	1350	乙	惹	1375	丙	塞
1301	丙	翘	1326	乙	渠	1351	甲	热	1376	甲	赛
1302	丙	俏	1327	甲	取	1352	甲	人	1377	甲	三
1303	甲	切	1328	丙	娶	1353	乙	忍	1378	乙	伞
1304	甲	且	1329	乙	趣	1354	甲	任	1379	甲	散
1305	乙	侵	1330	甲	去	1355	甲	认	1380	乙	嗓
1306	甲	亲	1331	乙	圈	1356	乙	扔	1381	丙	丧
1307	丙	琴	1332	丙	权	1357	乙	仍	1382	丙	骚
1308	丙	勤	1333	甲	全	1358	甲	日	1383	乙	扫
1309	甲	青	1334	丙	拳	1359	乙	荣	1384	乙	嫂
1310	甲	轻	1335	乙	劝	1360	丙	溶	1385	甲	色

1386	乙	森	1411	乙	舌	1436	甲	胜	1461	乙	柿
1387	乙	杀	1412	甲	舍	1437	丙	圣	1462	甲	事
1388	乙	沙	1413	丙	摄	1438	甲	师	1463	丙	逝
1389	丙	纱	1414	乙	射	1439	乙	失	1464	乙	势
1390	乙	傻	1415	丙	涉	1440	乙	狮	1465	甲	是
1391	乙	晒	1416	甲	社	1441	乙	施	1466	甲	适
1392	甲	山	1417	甲	设	1442	乙	湿	1467	乙	释
1393	丙	删	1418	丙	申	1443	乙	诗	1468	丙	饰
1394	乙	衫	1419	乙	伸	1444	甲	十	1469	丙	氏
1395	乙	闪	1420	甲	身	1445	乙	石	1470	甲	市
1396	丙	陕	1421	甲	深	1446	甲	拾	1471	甲	室
1397	乙	善	1422	甲	神	1447	甲	时	1472	甲	视
1398	乙	扇	1423	丙	审	1448	甲	什	1473	甲	试
1399	乙	伤	1424	丙	沈	1449	甲	食	1474	甲	收
1400	甲	商	1425	丙	婶	1450	丙	蚀	1475	甲	手
1401	丙	赏	1426	丙	甚	1451	甲	实	1476	甲	首
1402	甲	上	1427	丙	慎	1452	甲	识	1477	乙	守
1403	丙	尚	1428	甲	声	1453	甲	史	1478	丙	寿
1404	乙	稍	1429	甲	生	1454	甲	使	1479	乙	授
1405	甲	烧	1430	乙	牲	1455	丙	驶	1480	丙	售
1406	乙	勺	1431	乙	升	1456	甲	始	1481	乙	受
1407	甲	少	1432	乙	绳	1457	乙	式	1482	乙	瘦
1408	丙	哨	1433	甲	省	1458	甲	示	1483	丙	兽
1409	甲	绍	1434	丙	盛	1459	乙	士	1484	乙	蔬
1410	乙	蛇	1435	甲	剩	1460	甲	世	1485	丙	梳

1486	乙	殊	1511	丙	税	1537	乙	塑	1562	甲	太
1487	甲	输	1512	乙	顺	1538	甲	宿	1563	甲	态
1488	乙	叔	1513	甲	说	1539	甲	诉	1564	丙	摊
1489	甲	舒	1514	丙	烁	1540	乙	肃	1565	丙	滩
1490	甲	书	1515	丙	斯	1541	甲	酸	1566	甲	谈
1491	甲	熟	1516	乙	撕	1542	甲	算	1567	丙	坦
1492	乙	暑	1517	甲	思	1543	甲	虽	1568	乙	毯
1493	丙	署	1518	乙	私	1544	乙	随	1569	乙	探
1494	乙	属	1519	乙	司	1545	乙	碎	1570	丙	叹
1495	甲	术	1520	乙	丝	1546	甲	岁	1571	甲	汤
1496	乙	述	1521	甲	死	1547	丙	孙	1572	甲	堂
1497	甲	树	1522	甲	四	1548	乙	损	1573	甲	糖
1498	甲	束	1523	丙	伺	1549	丙	嗦	1574	丙	倘
1499	甲	数	1524	乙	似	1550	乙	缩	1575	甲	躺
1500	乙	刷	1525	丙	饲	1551	丙	索	1576	乙	趟
1501	丙	耍	1526	乙	松	1552	丙	锁	1577	乙	烫
1502	乙	摔	1527	丙	宋	1553	甲	所	1578	乙	掏
1503	丙	衰	1528	丙	颂	1554	丙	塌	1579	丙	萄
1504	乙	甩	1529	甲	送	1555	甲	他	1580	丙	桃
1505	丙	拴	1530	丙	诵	1556	甲	它	1581	乙	逃
1506	丙	霜	1531	丙	搜	1557	甲	她	1582	甲	讨
1507	甲	双	1532	丙	艘	1558	乙	塔	1583	乙	套
1508	甲	谁	1534	乙	俗	1559	丙	踏	1584	甲	特
1509	甲	水	1535	乙	素	1560	甲	抬	1585	丙	腾
1510	甲	睡	1536	乙	速	1561	乙	台	1586	甲	疼

1587	乙	梯	1612	甲	同	1637	乙	托	1662	乙	网
1588	甲	踢	1613	乙	铜	1638	甲	脱	1663	甲	往
1589	甲	提	1614	乙	童	1639	丙	驮	1664	甲	望
1590	甲	题	1615	乙	桶	1640	丙	驼	1665	甲	忘
1591	丙	蹄	1616	丙	筒	1641	丙	妥	1666	丙	威
1592	甲	体	1617	乙	统	1642	乙	挖	1667	乙	微
1593	乙	替	1618	甲	痛	1643	乙	哇	1668	甲	危
1594	丙	惕	1619	乙	偷	1644	丙	蛙	1669	乙	违
1595	甲	天	1620	乙	投	1645	丙	娃	1670	甲	围
1596	乙	添	1621	甲	头	1646	丙	瓦	1671	甲	为
1597	乙	填	1622	乙	透	1647	甲	袜	1672	乙	维
1598	乙	田	1623	甲	突	1648	乙	歪	1673	乙	委
1599	乙	甜	1624	甲	图	1649	甲	外	1674	甲	伟
1600	乙	挑	1625	丙	徒	1650	乙	弯	1675	乙	尾
1601	甲	条	1626	乙	途	1651	甲	玩	1676	乙	未
1602	甲	跳	1627	乙	涂	1652	丙	顽	1677	乙	味
1603	乙	贴	1628	乙	土	1653	丙	丸	1678	乙	胃
1604	乙	铁	1629	乙	吐	1654	甲	完	1679	甲	喂
1605	乙	厅	1630	乙	兔	1655	甲	碗	1680	甲	位
1606	甲	听	1631	甲	团	1656	丙	挽	1681	乙	谓
1607	甲	停	1632	甲	推	1657	甲	晚	1682	乙	慰
1608	丙	亭	1633	甲	腿	1658	甲	万	1683	乙	卫
1609	甲	庭	1634	甲	退	1659	乙	王	1684	乙	温
1610	甲	挺	1635	丙	吞	1660	丙	亡	1685	丙	蚊
1611	甲	通	1636	乙	拖	1661	丙	枉	1686	甲	文

1687	甲	闻	1712	乙	析	1737	乙	吓	1762	甲	响
1688	丙	纹	1713	甲	西	1738	乙	掀	1763	乙	享
1689	丙	吻	1714	丙	晰	1739	甲	先	1764	乙	项
1690	乙	稳	1715	乙	吸	1740	乙	鲜	1765	丙	巷
1691	甲	问	1716	丙	锡	1741	乙	纤	1766	甲	像
1692	丙	翁	1717	乙	牺	1742	丙	咸	1767	甲	向
1693	甲	我	1718	丙	稀	1743	乙	闲	1768	乙	象
1694	丙	卧	1719	甲	息	1744	丙	嫌	1769	丙	削
1695	甲	握	1720	甲	希	1745	乙	显	1770	甲	消
1696	乙	污	1721	乙	悉	1746	甲	险	1771	丙	宵
1697	丙	诬	1722	丙	惜	1747	甲	现	1772	丙	淆
1698	甲	屋	1723	丙	袭	1748	乙	献	1773	乙	晓
1699	丙	吴	1724	乙	席	1749	乙	县	1774	甲	小
1700	乙	无	1725	甲	习	1750	乙	羡	1775	甲	校
1701	乙	武	1726	丙	媳	1751	丙	宪	1776	甲	笑
1702	甲	五	1727	甲	喜	1752	丙	陷	1777	乙	效
1703	甲	午	1728	甲	洗	1753	乙	限	1778	甲	些
1704	甲	舞	1729	甲	系	1754	乙	线	1779	乙	歇
1705	乙	伍	1730	乙	戏	1755	甲	相	1780	甲	鞋
1706	丙	侮	1731	甲	细	1756	丙	厢	1781	丙	协
1707	乙	雾	1732	丙	瞎	1757	甲	香	1782	乙	斜
1708	甲	物	1733	丙	虾	1758	乙	箱	1783	丙	胁
1709	甲	务	1734	丙	峡	1759	乙	乡	1784	甲	写
1710	乙	悟	1735	甲	下	1760	乙	详	1785	乙	械
1711	甲	误	1736	甲	夏	1761	甲	想	1786	丙	卸

1787	甲	谢	1812	乙	袖	1837	乙	压	1862	乙	厌
1788	丙	欣	1813	丙	绣	1838	丙	押	1863	丙	焰
1789	甲	辛	1814	丙	墟	1839	丙	鸭	1864	甲	宴
1790	甲	新	1815	甲	需	1840	甲	呀	1865	甲	验
1791	甲	心	1816	乙	虚	1841	丙	芽	1866	乙	央
1792	甲	信	1817	甲	须	1842	乙	牙	1867	丙	秧
1793	甲	星	1818	甲	许	1843	丙	崖	1868	甲	扬
1794	甲	兴	1819	丙	叙	1844	丙	亚	1869	甲	羊
1795	乙	型	1820	乙	序	1845	丙	讶	1870	乙	洋
1796	乙	形	1821	乙	绪	1846	乙	咽	1871	甲	阳
1797	甲	行	1822	甲	续	1847	乙	烟	1872	丙	氧
1798	乙	醒	1823	乙	宣	1848	丙	淹	1873	乙	仰
1799	甲	幸	1824	丙	悬	1849	乙	盐	1874	乙	养
1800	乙	性	1825	丙	旋	1850	乙	严	1875	甲	样
1801	甲	姓	1826	乙	选	1851	甲	研	1876	乙	邀
1802	乙	兄	1827	甲	学	1852	丙	岩	1877	乙	腰
1803	丙	凶	1828	甲	雪	1853	乙	延	1878	乙	摇
1804	乙	胸	1829	乙	血	1854	甲	言	1879	丙	遥
1805	乙	雄	1830	丙	循	1855	甲	颜	1880	丙	窑
1806	乙	熊	1831	丙	旬	1856	乙	沿	1881	丙	谣
1807	甲	休	1832	丙	询	1857	丙	掩	1882	乙	咬
1808	乙	修	1833	乙	寻	1858	甲	眼	1883	甲	药
1809	丙	朽	1834	乙	训	1859	甲	演	1884	甲	要
1810	丙	锈	1835	乙	讯	1860	丙	艳	1885	丙	钥
1811	乙	秀	1836	乙	迅	1861	丙	燕	1886	丙	耀

1887	乙	爷	1912	甲	艺	1937	乙	营	1962	甲	右
1888	乙	野	1913	丙	抑	1938	丙	蝇	1963	甲	又
1889	丙	冶	1914	甲	易	1939	甲	迎	1964	丙	幼
1890	甲	也	1915	甲	亿	1940	甲	赢	1965	乙	于
1891	甲	页	1916	甲	意	1941	甲	影	1966	丙	愚
1892	甲	业	1917	丙	毅	1942	乙	硬	1967	乙	余
1893	乙	叶	1918	乙	忆	1943	乙	映	1968	甲	鱼
1894	甲	夜	1919	甲	义	1944	丙	哟	1969	甲	愉
1895	乙	液	1920	乙	益	1945	乙	拥	1970	丙	渔
1896	甲	一	1921	乙	议	1946	丙	踊	1971	丙	予
1897	甲	医	1922	甲	谊	1947	甲	泳	1972	丙	娱
1898	乙	依	1923	甲	译	1948	丙	涌	1973	甲	雨
1899	丙	伊	1924	乙	异	1949	甲	永	1974	乙	与
1900	甲	衣	1925	甲	因	1950	乙	勇	1975	丙	屿
1901	丙	遗	1926	甲	音	1951	甲	用	1976	丙	宇
1902	乙	移	1927	甲	阴	1952	乙	优	1977	甲	语
1903	乙	仪	1928	乙	姻	1953	乙	悠	1978	乙	羽
1904	乙	疑	1929	甲	银	1954	甲	尤	1979	乙	玉
1905	甲	宜	1930	丙	饮	1955	乙	由	1980	丙	域
1906	乙	姨	1931	乙	引	1956	甲	邮	1981	甲	遇
1907	甲	椅	1932	丙	隐	1957	丙	犹	1982	丙	御
1908	丙	倚	1933	乙	印	1958	乙	油	1983	丙	愈
1909	甲	已	1934	甲	英	1959	甲	游	1984	丙	狱
1910	丙	乙	1935	丙	婴	1960	甲	有	1985	甲	育
1911	甲	以	1936	甲	应	1961	甲	友	1986	丙	浴

1987	丙	寅	2012	丙	匀	2037	乙	择	2062	乙	丈
1988	丙	裕	2013	乙	允	2038	乙	则	2063	丙	帐
1989	甲	预	2014	甲	运	2039	丙	泽	2064	丙	仗
1990	丙	豫	2015	丙	晕	2040	甲	怎	2065	丙	胀
1991	丙	冤	2016	丙	砸	2041	甲	增	2066	丙	障
1992	甲	元	2017	甲	杂	2042	丙	赠	2067	乙	招
1993	甲	原	2018	丙	栽	2043	乙	扎	2068	甲	找
1994	乙	援	2019	乙	灾	2044	丙	渣	2069	甲	照
1995	甲	园	2020	丙	载	2045	丙	炸	2070	丙	赵
1996	甲	员	2021	甲	再	2046	乙	摘	2071	丙	罩
1997	甲	圆	2022	甲	在	2047	丙	宅	2072	乙	召
1998	丙	猿	2023	甲	咱	2048	乙	窄	2073	丙	遮
1999	乙	源	2024	乙	暂	2049	丙	债	2074	乙	折
2000	丙	缘	2025	乙	赞	2050	乙	粘	2075	丙	浙
2001	甲	远	2026	甲	脏	2051	丙	沾	2076	乙	哲
2002	甲	愿	2027	乙	遭	2052	丙	盏	2077	甲	者
2003	丙	怨	2028	乙	糟	2053	丙	崭	2078	甲	这
2004	甲	院	2029	丙	凿	2054	甲	展	2079	丙	珍
2005	乙	约	2030	甲	早	2055	甲	占	2080	甲	真
2006	乙	越	2031	甲	澡	2056	乙	战	2081	乙	针
2007	乙	跃	2032	丙	躁	2057	甲	站	2082	丙	枕
2008	甲	月	2033	乙	造	2058	甲	章	2083	丙	诊
2009	丙	悦	2034	乙	皂	2059	甲	张	2084	丙	震
2010	乙	阅	2035	乙	燥	2060	甲	掌	2085	丙	振
2011	甲	云	2036	甲	责	2061	乙	涨	2086	丙	镇

2087	乙	阵	2112	甲	只	2137	丙	宙	2162	丙	赚
2088	丙	蒸	2113	甲	纸	2138	丙	骤	2163	丙	桩
2089	乙	睁	2114	甲	志	2139	丙	朱	2164	乙	庄
2090	乙	征	2115	乙	至	2140	乙	珠	2165	甲	装
2091	乙	争	2116	乙	致	2141	乙	株	2166	乙	撞
2092	甲	整	2117	乙	置	2142	甲	猪	2167	丙	幢
2093	甲	正	2118	丙	帜	2143	乙	逐	2168	丙	壮
2094	甲	政	2119	乙	制	2144	乙	竹	2169	乙	状
2095	丙	挣	2120	丙	智	2145	丙	烛	2170	乙	追
2096	丙	症	2121	乙	秩	2146	乙	煮	2171	甲	准
2097	乙	证	2122	丙	稚	2147	丙	嘱	2172	乙	捉
2098	丙	枝	2123	乙	质	2148	甲	主	2173	甲	桌
2099	甲	支	2124	甲	治	2149	乙	著	2174	甲	着
2100	甲	知	2125	甲	中	2150	丙	柱	2175	乙	资
2101	甲	之	2126	丙	忠	2151	甲	助	2176	丙	姿
2102	甲	织	2127	甲	钟	2152	丙	铸	2177	乙	紫
2103	乙	职	2128	丙	衷	2153	乙	筑	2178	乙	仔
2104	甲	直	2129	乙	终	2154	甲	住	2179	甲	子
2105	乙	植	2130	甲	种	2155	甲	注	2180	甲	自
2106	丙	殖	2131	丙	肿	2156	甲	祝	2181	甲	字
2107	乙	执	2132	甲	重	2157	丙	驻	2182	丙	宗
2108	乙	值	2133	乙	众	2158	乙	抓	2183	乙	综
2109	乙	址	2134	甲	周	2159	乙	专	2184	甲	总
2110	甲	指	2135	丙	粥	2160	丙	砖	2185	丙	纵
2111	乙	止	2136	丙	皱	2161	乙	转	2186	甲	走

2187 甲 租
2188 甲 足
2189 甲 族
2190 甲 祖
2191 丙 阻
2192 甲 组
2193 乙 钻
2194 甲 嘴
2195 乙 醉
2196 甲 最
2197 丙 罪
2198 乙 尊
2199 乙 遵
2200 甲 昨
2201 甲 左
2202 甲 做
2203 甲 作
2204 甲 坐
2205 甲 座

HSK 考试用语一览表*

考场　（名）	事项　（名）	用语　（名）	海报　（名）
考点　（名）	听力　（名）	区间　（名）	书信　（名）
考卷　（名）	词语　（名）	档次　（名）	应用文（名）
考题　（名）	词义　（名）	名称　（名）	※※※
考生　（名）	词序　（名）	级别　（名）	简称　（动、名）
代号　（名）	字母　（名）	科目　（名）	播音　（动、名）
华侨　（名）	圆圈　（名）	文科　（名）	主考　（动、名）
子女　（名）	横线　（名）	理工科（名）	监考　（动、名）
外交官（名）	横道　（名）	甲级　（名）	圈　（名、动）
公务员（名）	空格　（名）	乙级　（名）	退后　（动）
非汉族人	性别　（名）	丙级　（名）	作弊
非零起点	国别　（名）	丁级　（名）	带入　（动）
准考证（名）	书面　（名）	比重　（名）	不得
身份证（名）	序号　（名）	选择项（名）	分发　（动）
橡皮　（名）	如下	语速　（名）	打开　（动）
答卷　（名）	上下文	题材　（名）	示意　（动）
耳机　（名）	指令　（名）	体裁　（名）	圈划　（动）
录音带（名）	名义　（名）	用意　（名）	作废　（动）
密封条（名）	等级　（名）	细节　（名）	倒扣分
试题　（名）	总分　（名）	题号　（名）	指定　（动）
中途　（名）	单项分（名）	语料　（名）	听从　（动）
原位　（名）	原始分（名）	幅度　（名）	清点　（动）
封面　（名）	答对率（名）	请柬　（名）	填写　（动）

填空	评分	中等 （形）	代词
试听 （动）	评定 （动）	初等 （形）	副词
播放 （动）	答题	快速 （形）	介词
合乎 （动）	做题	正规 （形）	连词
标 （动）	主办 （动）	等距 （形）	助词
完毕 （动）	选聘 （动）	简短 （形）	象声词
退场	录用 （动）	简要 （形）	叹词
界定 （动）	录取 （动）	私自 （副）	主语
获取 （动）	培训 （动）	自行 （副）	谓语
结业 （动）	考查 （动）	一律 （副）	宾语
试点 （动）	跳跃 （动）	届时 （副）	定语
试测 （动）	推理 （动）	行之有效	状语
试用 （动）	推断 （动）	※※※	补语
区分 （动）	捕捉 （动）	语法术语：	近义词
入学	引伸 （动）	名词	同义词
入系	辨析 （动）	方位词	词组
选点	书写 （动）	动词	短语
颁发 （动）	重叠 （动）	能愿动词	习用语
审订 （动）	标准化	形容词	
举要	相应 （动、形）	数词	
改卷	相对应	量词	

* （1）这些用语是 HSK 大纲、HSK 介绍以及 HSK 考试过程
中经常使用、而 HSK 常用词汇一览表中又没有选进的。

（2）表的最后还附有 HSK 大纲中使用的语法术语。